INSTITUT DE FRANCE.

ACADÉMIE

DES

BEAUX-ARTS.

ACADÉMIE

DES

BEAUX-ARTS.

—

STATUTS

ET

RÈGLEMENTS

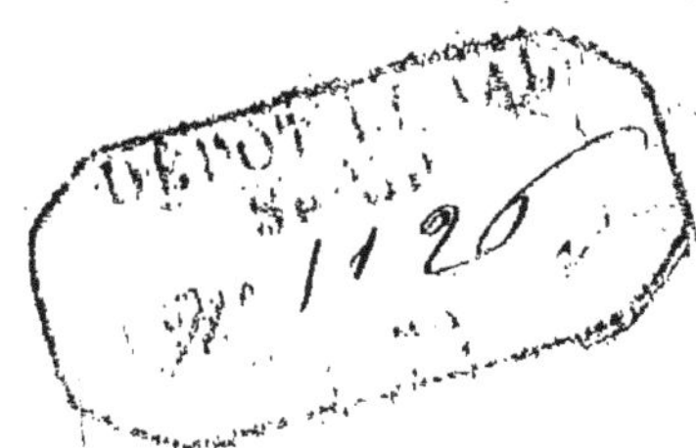

PARIS,

TYPOGRAPHIE DE FIRMIN DIDOT FRÈRES,

IMPRIMEURS DE L'INSTITUT DE FRANCE,

RUE JACOB, 56.

—

1873

INSTITUT DE FRANCE.

ACADÉMIE

DES

BEAUX - ARTS.

STATUTS

DE

L'ACADÉMIE DES BEAUX-ARTS.

Composition de l'Académie.

Art. 1er. L'Académie des Beaux-Arts est composée d'académiciens, d'académiciens libres et d'associés étrangers.

Académiciens.

2. Les académiciens sont au nombre de quarante. Ils sont choisis parmi les peintres, les sculpteurs, les architectes, les graveurs, et

1.

les compositeurs de musique les plus distingués par leurs talents et par leurs ouvrages.

3. Nul ne peut être académicien, s'il n'est Français, âgé de vingt-cinq ans au moins, et domicilié à Paris.

4. Les quarante académiciens sont répartis en cinq sections, ainsi qu'il suit : dans la section de peinture, quatorze ; dans la section de sculpture, huit ; dans la section d'architecture, huit ; dans la section de gravure, quatre ; dans la section de musique, six.

5. Le Secrétaire perpétuel peut être choisi hors du nombre des quarante académiciens. Dans ce cas, il jouit du titre et de tous les droits d'académicien ; mais il ne fait partie d'aucune des cinq sections. Lorsqu'il est choisi parmi les membres d'une section, sa place y devient vacante.

Académiciens libres.

6. La classe des académiciens libres est composée de dix membres. Ils sont choisis parmi les hommes distingués, soit par leur rang et leur goût, soit par leurs connaissances théoriques ou pratiques dans les beaux-arts, ou qui auraient publié sur ce sujet des écrits remarquables.

7. Les académiciens libres ont voix délibérative dans toutes les discussions relatives aux sciences, aux lettres et aux arts. Ils peuvent

faire partie de toutes les commissions nommées dans le sein de l'Académie (autres que celles qui ont rapport à l'administration), et concourir à la nomination de ces mêmes commissions. Ils jouissent de toutes les prérogatives des académiciens, excepté du droit de suffrage pour les élections aux places vacantes dans les sections, et pour celle du Secrétaire perpétuel.

8. Néanmoins les académiciens libres ont droit de voter avec les autres académiciens pour les élections aux places qui viennent à vaquer, 1° dans la classe des académiciens libres, 2° dans celle des associés étrangers, 3° parmi les correspondants.

9. Les académiciens libres ne peuvent, dans aucun cas, être élus aux places d'académiciens vacantes dans les cinq sections ci-dessus dénommées.

10. Les académiciens libres n'ont d'autre indemnité que celle du droit de présence.

Associés étrangers.

11. Le nombre des associés étrangers de l'Académie ne peut excéder dix. Ils sont choisis parmi les artistes les plus célèbres et les amateurs des beaux-arts les plus distingués de l'Europe.

12. Les associés étrangers, lorsqu'ils se trouvent à Paris, jouissent du droit de siéger

dans les assemblées de l'Académie. Ils ne font partie d'aucune section, ne touchent aucun traitement ni droit de présence. Ils ne peuvent voter ni dans les élections des membres de l'Académie, ni dans les jugements des grands prix annuels et autres concours publics, mais ils ont voix délibérative dans toutes les discussions relatives aux sciences, aux lettres et aux arts.

Organisation de l'Académie.

13. Le bureau de l'Académie est composé d'un Président, d'un Vice-président et d'un Secrétaire perpétuel.

14. Tous les ans, dans la première séance de janvier, l'Académie nomme, selon les for- mes ci-après prescrites, et parmi les acadé- miciens membres des sections, un Vice-prési- dent, qui, l'année d'après, devient de droit Président, et ne peut pas être immédiatement réélu.

15. Les fonctions de Président sont de proposer les sujets de délibération ou de dis- cussion, de maintenir l'ordre dans l'assemblée, de dépouiller les scrutins et d'en prononcer les résultats. Il est spécialement chargé de veiller à l'exécution des statuts et des règle- ments de l'Académie, et d'y rappeler ceux qui pourraient s'en écarter.

16. Le Vice-président supplée le Président

dans toutes ses fonctions : en cas d'absence de l'un et de l'autre, l'Académie est présidée par le Président de l'année précédente ; à défaut de celui-ci, par le doyen d'âge des académiciens.

17. Les fonctions de Secrétaire perpétuel sont de recueillir en substance tout ce qui est proposé, examiné et résolu dans les séances de l'Académie ; de tenir note des lectures, rapports, ou discours qui y sont faits ; de dresser du tout un procès-verbal, qui, après avoir été lu en séance et approuvé par l'Académie, est consigné dans un registre à ce destiné ; d'entretenir la correspondance, soit avec le ministère, soit avec l'École de Rome, soit avec les particuliers ; de signer, conjointement avec le Président, tous les actes et rapports de l'Académie ; d'en délivrer, au besoin, des copies ou extraits certifiés ; de rédiger les mémoires de l'Académie et les notices historiques de la vie et des ouvrages des académiciens décédés ; de surveiller le dépôt de tous les actes, titres, papiers et registres concernant l'institution et les travaux de l'Académie.

18. En cas d'absence momentanée, de maladie ou de mort, le Secrétaire perpétuel est remplacé dans l'intérim par le Vice-président, ou, à défaut de celui-ci, par le plus anciennement élu des membres présents.

19. En exécution de l'article 5 de l'ordonnance du roi du 21 mars 1816, l'Académie

nomme, dans la première séance de chaque année, deux de ses membres pour faire partie de la commission centrale chargée de régir et d'administrer les propriétés communes aux cinq Académies qui composent l'Institut, et les fonds y affectés. Ces commissaires sont élus chacun pour un an, et sont toujours rééligibles.

20. Le Président, le Vice-président, le Secrétaire perpétuel et les deux membres de la commission centrale administrative désignée dans l'article précédent forment un comité qui, aux termes de l'article 6 de la susdite ordonnance, est chargé de régir, au nom de l'Académie, ses propriétés et fonds particuliers, et de proposer l'état annuel de ses dépenses.

21. L'Académie nomme encore, au commencement de l'année, une commission dont l'objet est de prendre communication des discours, notices historiques et rapports de ses travaux, que le Président, le Secrétaire ou tout autre académicien est chargé de faire au nom du corps. Cette commission est composée de cinq membres, pris dans les cinq sections, et d'un sixième choisi parmi les académiciens libres. Ces commissaires sont toujours rééligibles.

Tenue des séances.

22. Les séances ordinaires et les séances publiques de l'Académie sont tenues par le bureau.

23. Les séances ordinaires de l'Académie ont lieu le samedi de chaque semaine ; elles commencent à trois heures après midi, et ne doivent pas durer plus de deux heures.

24. Si le samedi est un jour de fête, la séance est remise à un autre jour ; les académiciens sont prévenus de ce changement par des billets à domicile.

25. Lorsqu'il y a lieu, le bureau peut convoquer une assemblée extraordinaire.

26. Aucune personne, hors les membres dont est composée l'Académie et ses correspondants, les membres et correspondants des autres Académies faisant partie de l'Institut, ne peut assister aux assemblées ordinaires ou extraordinaires, si elle n'y est admise par le bureau sur la présentation d'un académicien.

27. La première séance du mois d'octobre est rendue publique.

28. Dans cette séance publique, le Secrétaire perpétuel rend compte des travaux de l'École de Rome pendant le cours de l'année. Il lit la notice historique des académiciens décédés. Il proclame les noms des élèves des beaux-arts qui ont remporté les grands prix de peinture, de sculpture, d'architecture, de gravure et de composition musicale. Le Président leur distribue les médailles et les couronnes.

Attributions de l'Académie.

29. L'Académie dirige spécialement les concours qui ont lieu annuellement pour les grands prix de peinture, de sculpture, architecture, gravure et composition musicale. Elle en donne les sujets, en rédige les programmes, en juge les résultats; et, lorsque ses jugements sur les différents concours sont prononcés, elle en fait part au ministre.

30. Dans sa séance publique du mois d'octobre, elle proclame les noms des élèves qui ont remporté les grands prix, et leur en fait la distribution solennelle.

31. Lorsqu'il vient à vaquer une place de professeur, soit à l'École nationale des beaux-arts de Paris, soit aux Écoles des départements, l'Académie présente au ministre (après qu'il en a fait la demande) une liste de candidats dans laquelle est choisi celui qui doit remplir les fonctions vacantes.

32. L'Académie, d'après le renvoi qui lui est fait par le ministre, des rapports du directeur de l'École de Rome, ainsi que des ouvrages et morceaux d'étude des pensionnaires, juge du progrès des élèves, de la manière dont ils remplissent les obligations qui leur sont imposées, de l'état enfin de l'établissement et des améliorations dont il peut paraître susceptible. Elle consigne ses observations à ce sujet dans un rapport qu'elle adresse au ministre pour être transmis au directeur, et par

lui, lorsqu'il y a lieu, communiqué aux pensionnaires.

33. Tous les six ans, à l'époque du renouvellement du directeur de l'École de Rome, ou en cas de rappel ou de mort, l'Académie, sur la notification du ministre, présente trois candidats pour la place à donner.

Travaux de l'Académie.

34. Les séances que l'Académie ne consacre pas à l'exercice des attributions ci-dessus énoncées sont employées, soit à la lecture des mémoires et dissertations de ses membres ou des étrangers admis par le bureau à lui faire part de leurs recherches, soit à examiner les découvertes, les procédés nouveaux ou les nouvelles applications d'anciens procédés dont le gouvernement ou les particuliers lui soumettent le jugement. Elle discute les articles du *Dictionnaire général des beaux-arts* qu'elle est appelée à composer, d'après la rédaction d'une commission spéciale formée dans son sein, qui prépare chaque article, et le soumet, après deux lectures, à l'adoption de l'assemblée générale.

35. L'Académie, étant formée pour s'occuper de tout ce qui peut contribuer aux progrès et au perfectionnement des différentes parties des beaux-arts, donne son avis motivé sur tous les projets, problèmes, difficultés ou questions d'art, qui lui sont adressées par le

gouvernement; et, s'il est nécessaire, elle accompagne son rapport de dessins ou de modèles pour faciliter l'intelligence du sujet. Elle propose tous les projets d'amélioration dont l'étude des beaux-arts est susceptible.

Commissions.

36. Pour préparer, faciliter et exécuter les différents travaux dont l'Académie est chargée par les statuts, ou peut l'être accidentellement sur les demandes qui lui sont adressées, elle nomme plusieurs sortes de commissions, les unes permanentes, les autres annuelles, quelques-unes dont l'existence n'a d'autre durée que celle du travail qui leur est confié.

37. L'Académie, selon la nature des questions et des travaux, peut inviter des membres d'autres Académies faisant partie de l'Institut à y prendre part, et les associer à ses commissions.

38. Les membres du bureau peuvent assister à toutes les commissions, et y ont voix délibérative, mais ne composent pas nécessairement le bureau de ces commissions.

Nominations, élections et délibérations par scrutin.

39. La mort d'un académicien membre des sections est notifiée par le Président dans la séance qui suit immédiatement le décès. A la cinquième séance ordinaire, après cette notification, l'Académie délibère s'il y a lieu ou

non de procéder à remplir la vacance, après avoir entendu sur ce sujet le rapport de la section dans laquelle la place est vacante.

Les sections de l'Académie sont prévenues par lettres.

40. Si l'Académie juge qu'il n'y a pas lieu de procéder au remplacement, elle délibère six mois après, et ainsi de suite.

41. Lorsque l'Académie a décidé qu'il y a lieu de procéder au remplacement, les membres des cinq sections sont convoqués pour la séance suivante; dans cette séance, le bureau fait connaître à l'Académie les noms et les titres des candidats à la place vacante.

Aussitôt après cette communication, chaque académicien peut proposer le nom d'un candidat qui sera inscrit par le Secrétaire, pourvu qu'un autre académicien appuie la proposition. Les noms de celui qui aura fait et de celui qui aura appuyé la proposition seront également inscrits au procès-verbal.

41 *bis*. Pour la séance suivante, les membres des cinq sections sont de même convoqués, et la section dans laquelle la place est vacante présente trois candidats au moins et cinq au plus, dans l'ordre de préférence qu'elle leur accorde. Dans cette même séance, l'Académie peut discuter le mérite des candidats présentés par la section. L'Académie ajoute, s'il y a lieu, à la liste de la section, de nouveaux candidats dont le nombre ne doit pas dépasser cinq, et qui ne peuvent être pris que

sur la liste générale des candidats arrêtée dans la séance précédente. Chaque candidat doit réunir la majorité absolue des suffrages.

42. Dans la séance qui suit cette double présentation, séance pour laquelle tous les membres sont de nouveau convoqués, si les deux tiers sont présents, l'on procède à l'élection, à la majorité absolue des suffrages et par la voie du scrutin, ainsi qu'il sera expliqué ci-après.

43. Lorsque la place de Secrétaire perpétuel vient à vaquer, l'Académie procède à sa nomination dans les mêmes formes que pour les nominations d'académiciens, avec ces deux différences, 1° qu'elle ne délibère pas s'il y a lieu, ou non, d'élire ; 2° que la liste des candidats est formée par une commission de cinq membres pris dans les cinq sections.

44. Lorsqu'une place d'académicien libre vient à vaquer, il est procédé à l'élection dans les formes ci-dessus ; mais l'Académie ne délibère point s'il y a lieu, ou non, à remplacement, et la liste des candidats est formée par une commission de cinq membres pris dans les cinq sections, et d'un sixième pris dans la classe des académiciens libres. Cette commission délibère dans les mêmes formes que les sections : les membres du bureau n'en font donc point partie.

45. Le mode indiqué dans l'article précédent est suivi pour la nomination des associés étrangers.

Diverses sortes de scrutin.

46. L'Académie procède diversement aux scrutins qui ont lieu, soit dans ses délibérations, soit pour les différentes nominations et élections qu'elle doit faire.

47. Dans les discussions où il s'agit de recueillir ses avis, elle vote par voie d'appel nominal, et à la majorité absolue des suffrages, à moins qu'un membre ne réclame la voie du scrutin secret.

48. S'il s'agit d'un choix d'ouvrages, de projets, de programmes, etc., l'Académie procède par scrutin secret, et décide d'avance s'il y a lieu d'exiger la majorité absolue, ou de se contenter de la majorité relative.

49. S'il s'agit de nommer des membres des commissions passagères et accidentelles, on procède à ces nominations (à moins que l'Académie n'en charge le bureau), soit par scrutin secret, individuel, soit par scrutin de liste secret, et à la simple pluralité relative, s'il n'en est autrement décidé d'avance.

50. Les membres du bureau, ceux des commissions permanentes ou annuelles, les associés étrangers et les correspondants sont élus à la majorité absolue, et par la voie du scrutin secret et de ballottage, tel qu'il va être défini.

51. Si le premier tour de scrutin ne donne pas de majorité absolue, on procède à un se-

cond. S'il n'en résulte point encore de majorité absolue, on fait un scrutin de ballottage
entre les deux candidats qui ont réuni le plus
de votes. Un seul ayant plus de suffrages que
tous les autres, sans avoir la majorité absolue,
s'il s'en trouvait deux ou plusieurs qui eussent
un nombre égal de suffrages, le scrutin de
ballottage se fait d'abord entre ceux-ci, jusqu'à
ce que l'un d'eux soit supérieur aux autres en
suffrages obtenus, et ce dernier est ballotté
ensuite avec celui qui a eu le premier la majorité relative. Si les suffrages se trouvent par-
tagés également entre deux candidats, le ballottage est réitéré dans la même séance, jusqu'à ce que l'un des deux noms réunisse la
majorité requise.

52. Les académiciens membres des sections,
le Secrétaire perpétuel et les académiciens
libres sont nommés à la majorité absolue, et
par la voie du scrutin secret, mais réitéré
sans ballottage, jusqu'à ce que, par la réunion
de plus de la moitié des suffages, l'un des candidats obtienne la majorité absolue.

53. Les séances consacrées aux nominations sont secrètes, c'est-à-dire que ni les
étrangers, ni même les correspondants de l'A-
cadémie, ne peuvent y être admis.

54. Les nominations des académiciens, du
Secrétaire perpétuel, des académiciens libres
et des associés étrangers, sont soumises à l'approbation du Chef de l'Etat.

Des indemnités.

55. Chacun des membres qui composent les sections de l'Académie jouit de l'indemnité entière de 1,500 francs qui lui est accordée par l'ordonnance du 21 mars 1816 ; cependant il est prélevé sur cette indemnité une somme de 300 francs pour former un fonds de droits de présence à répartir seulement entre les membres qui assistent aux séances de l'Académie.

56. A cet effet, et pour constater cette assistance, chacun signe en entrant une liste de présence, qui est close et arrêtée par le Secrétaire perpétuel au moment de l'ouverture de la séance.

57. Les droits de présence des absents, quel que soit le motif de leur absence, accroissent à ceux qui assistent à la séance (1).

58. Tout membre qui s'absente plus d'une année sans l'agrément de l'Académie est censé avoir donné sa démission, à moins qu'il n'ait reçu une mission ou une autorisation expresse du gouvernement.

Des correspondants.

59. Le nombre des correspondants de l'Académie ne peut pas excéder cinquante. Ils

---

(1) L'Académie a dérogé à cet article, par arrêté du 4 novembre 1820. en faveur des octogénaires.

sont choisis parmi les étrangers et les regni-coles non domiciliés à Paris, qui, par leurs connaissances, leurs talents et leurs ouvrages, sont propres à seconder l'Académie dans ses travaux.

Leur classification étant la même que celle des académiciens ordinaires et libres, ils sont répartis de la manière suivante :

Peintres 14
Sculpteurs 8
Architectes. 8
Graveurs. 4
Compositeurs de musique . 6
Correspondants libres. . . . 10

60. Ils sont élus, ainsi qu'il a été dit (art. 50), sur une liste de trois candidats au moins, de cinq au plus, présentée, pour les peintres, sculpteurs, architectes, graveurs, compositeurs de musique, par la section compétente, et, pour les correspondants li-bres, par une commission composée confor-mément à l'article 44. L'Académie complète les listes de présentation, selon le mode in-diqué par l'article 41 *bis*.

61. Lorsqu'ils se trouvent à Paris, les cor-respondants assistent aux séances de l'Acadé-mie, et prennent part à toutes les discussions qui ont les arts pour objet.

EXTRAITS

DES

PROCÈS-VERBAUX DE L'ACADÉMIE

CONTENANT

DES ARRÊTÉS RÉGLEMENTAIRES.

DISPOSITION RELATIVE AUX CORRESPONDANTS,

Adoptée dans la séance du 11 décembre 1847.

Tout correspondant qui aura fixé son domicile à Paris perdra, après un an de séjour dans la capitale, à partir du jour où l'Académie aura pris cette décision, son titre de correspondant.

DISPOSITION RELATIVE AUX FUNÉRAILLES DES MEMBRES DE L'ACADÉMIE,

Adoptée dans la séance du 27 novembre 1847.

L'Académie décide que les membres de la section à laquelle appartient le défunt seront tenus, ainsi que les membres du bureau, à assister aux obsèques, en costume d'Institut, et que, de plus, une commission composée des derniers membres de chaque section et d'un académicien libre, de l'élection la plus récente, sera nommée dans la première séance de chaque année et renouvelée tous les ans, pour se joindre aux membres précédemment désignés, pareillement en costume.

FONDATIONS ET LEGS

FAITS A L'ACADÉMIE.

Extrait du testament de M. Alhumbert, en date du 4 mars 1817.

Je donne et lègue à l'Académie des Sciences et Arts de Paris 300 francs de rente perpétuelle sur l'État, pour fonder un prix annuel pour les progrès des sciences et arts; j'entends que les arrérages courent au profit de l'Académie à compter du jour de mon décès.

Extrait du testament de madame veuve Leprince, en date du 14 octobre 1824.

Je donne et lègue à l'Académie royale des Beaux-Arts, faisant partie de l'Institut de France, 3,000 francs de rentes perpétuelles sur l'État, dont cette Académie jouira à compter du jour de mon décès. Je fais ce legs pour contribuer au perfectionnement des beaux-arts. En conséquence, je veux qu'annuellement cette rente soit distribuée, savoir : 1,000 francs à celui qui aura remporté le premier prix de sculpture, 1,000 francs à celui qui aura remporté le premier prix de peinture, 600 francs à celui qui aura remporté le premier prix d'architecture, et 400 francs à celui qui aura remporté le premier prix de gravure. Dans le cas où ces premiers prix ou aucun d'eux n'auraient été obtenus dans ces quatre arts, je veux que la portion qui devait être attribuée à celui de ces arts pour l'année où il n'y aura pas de prix d'obtenu, soit remise à celui ou à ceux qui, dans les années précédentes, auront obtenu les premiers prix, et qui, se trouvant pensionnaires de l'État à Rome, auront envoyé le meilleur ouvrage dans l'art où il n'y aura pas eu de premier prix d'obtenu.

Extrait du testament de M. Deschaumes, en date du 2 août 1825.

Je lègue un capital de 10,000 francs à la classe des Beaux-Arts de l'Institut royal de France, avec l'autorisation du roi, pour le produit annuel de 500 francs de rentes perpétuelles être donné à titre d'encouragement à un jeune architecte, le moins favorisé de la fortune, à la condition qu'il vivra avec une ou plusieurs sœurs dans la plus parfaite union, et qu'il aura donné des preuves d'une excellente moralité et des vertus fraternelles.

Ce prix, donné chaque année au jeune architecte choisi par la classe des Beaux-Arts de l'Institut, sera consacré au profit de l'architecture, délivré à la modeste aisance et au triomphe de l'amitié fraternelle, et en mémoire de cette amitié si vertueuse, si féconde, si remplie de charme, qui a existé entre ma céleste sœur et moi.

Le prix pourra être donné plusieurs années de suite ; si la classe des Beaux-Arts ne trouvait pas de sujet assez méritant, il sera donné au même architecte peu avancé dans ses études, marquant des dispositions dans son art, mais toujours vivant avec une ou plusieurs sœurs vertueuses, et qui aurait été couronné les années précédentes, le tout à la volonté et d'après la sagesse des membres de la classe des Beaux-Arts de l'Institut.

Tous les cinq ans, le produit de cette rente, au lieu d'être délivré à un jeune architecte, sera consacré à un jeune poëte vivant avec sa sœur et ayant les mêmes qualités que le jeune architecte requises ci-dessus. Ce prix de concours sera donné au jeune littérateur ou poëte qui aura en outre fait le plus bel éloge de l'amitié fraternelle entre le frère et la sœur; et s'il lui plaît de jeter quelques fleurs sur l'auteur du prix d'amitié qui aura lieu tous les cinq ans, je lui demande une immortelle pour ma sœur et une pensée pour moi:

Art. 24. Le restant de ma succession, après toutes mes dispositions remplies, le restant, s'il y a lieu, après que tout sera payé, formant un capital quelconque et quel qu'il soit, sera ajouté au capital de 10,000 francs légués à l'Institut, pour augmenter d'autant sa rente de 500 francs annuels (1) consacrés au jeune architecte et au triomphe de l'amitié fraternelle, le tout comme supplément, et conformément à l'article 3 du présent testament.

Extrait du testament de M. Bordin, en date du 26 mai 1835.

Je donne et lègue à l'Institut royal de France 12,000 francs de rente 5 pour cent de consolidés sur l'État. Cette rente sera divisée et répartie chaque année entre l'Académie Française, l'Académie des Inscriptions et Belles-Lettres, l'Académie des Sciences et l'Académie des Beaux-Arts, à raison de 3,000 francs

---

(1) Ce reliquat, avec les arrérages, a produit une somme de 11,154 francs.

de rente pour chacune des trois premières Académies, et de 2,500 francs de rente pour l'Académie des Beaux-Arts, pour, par lesdites Académies, faire annuellement de la portion de rente dévolue à chacune d'elles l'emploi qui va être ci-après fixé. . . .

Quant aux 500 francs de rente de surplus, ils resteront à la disposition de ce corps, pour le couvrir et l'indemniser des frais et dépenses annuelles que pourront lui occasionner les détails d'exécution des dispositions relatives à la distribution des prix qui seront ci-après fondés, que chaque Académie devra faire tous les ans, jusqu'à concurrence de la portion de rente à elle attribuée.

L'Institut sera saisi de cette rente de 12,000 francs du jour de mon décès ; mais son entrée en jouissance ne commencera que du jour du décès de madame Bordin, si elle me survit, attendu l'usufruit qu'elle aura pendant sa vie de l'universalité des biens de ma succession. Cette rente de 12,000 francs sera fournie à l'Institut, soit par le transfert qui lui sera fait de pareille quotité de rentes à prendre dans celles de même nature que je délaisserai, soit, à défaut, par l'achat qui en sera fait des deniers de ma succession. L'inscription de cette rente de 12,000 francs devra être délivrée au profit de ma femme pour l'usufruit pendant sa vie, si elle m'a survécu, et au nom de l'Institut pour la nue-propriété, à laquelle se réunira la jouissance au décès de ma femme. Elle sera inaliénable par l'Institut, le tout conformément et aux termes de l'acte qu'il conviendra de passer préalablement entre mes légataires universels et les délégués ou représentants de l'Institut, pour constater l'origine, la cause et le but de ladite inscription, et motiver la raison pour laquelle elle doit être inaliénable par l'Institut.

Les portions de rente attribuées à chaque Académie, dans la rente totale de 12,000 fr., serviront à fournir et composer les prix que je fonde par mon présent testament, jusqu'à concurrence de la valeur desdites portions de rente, pour être délivrées annuellement par chaque Académie aux auteurs qui auront le mieux rempli les programmes et traité les sujets, soit en prose, soit en vers, qu'elle aura [proposés. La première distribution des prix n'aura lieu, comme de raison, qu'après l'expiration de l'année dans laquelle l'Institut sera entré en jouissance de ladite rente de 12,000 francs. Le nombre et la valeur de ces prix seront tous les ans déterminés par les programmes, en sorte que chaque année la portion de rente appartenant à chaque Académie pourra composer un ou plusieurs prix de quotités différentes, suivant l'importance, la nature et la difficulté des sujets à traiter. Les juges du concours pourront même, d'après la manière satisfaisante dont le programme aura été rempli et la supériorité du travail de l'un des concurrents sur les compositions des autres, annuler les portions divises qui auront été d'abord fixées et les réunir en un moindre nombre, ou même en une seule, en faveur de l'auteur de la meilleure composition. Les sujets mis au concours auront toujours pour but l'intérêt public, le bien de l'humanité, les progrès de la science et l'honneur national. Si même un ouvrage important, en prose comme en vers, soit dans la littérature, soit dans les sciences, soit dans les arts, avait été récemment publié et paraissait digne, par son mérite et la supériorité de talent avec lequel il aurait été traité, d'une distinction éclatante et d'une honorable rémunération, l'Institut entier, sur la proposition de l'Académie que la matière traitée concernerait plus particulièrement, pourra suspendre dans ce cas, en tout ou en partie, les concours et distributions des prix d'une année, et remettre et délivrer le montant des prix suspendus à l'auteur de l'ouvrage, fût-il même membre de l'Institut, et ce, à titre d'honneur, de reconnaissance et d'encouragement. Cette résolution sera prise par l'Institut en corps, sur une convocation spéciale, en la forme ordinaire de ses délibérations, et il en sera délivré une ampliation à l'auteur lors de la remise qui lui sera faite de la somme qui lui aura été allouée.

Dans le cas où, par des motifs et considérations que je ne puis prévoir, l'Institut de

France ou la Compagnie des notaires de Paris n'auraient pas jugé convenable d'accepter les legs que je leur ai faits sous les conditions y attachées, ou n'auraient pu en obtenir l'autorisation, si elle était nécessaire, je vais disposer de la manière suivante du montant de chacun desdits legs, qui deviendra ainsi caduc.

Si c'était le legs fait à la Compagnie des notaires de Paris relativement à la fondation par moi faite d'une école de notariat, dont j'ai confié la direction et la surveillance à ladite Compagnie, l'institution de cette école n'aurait point lieu par ce seul fait. Ce legs deviendrait nul dans sa totalité, et les fonds que j'y ai consacrés seront répartis ainsi qu'il suit :

Premièrement, je donne et lègue à l'administration des hospices de Paris. . . . .
. . . .

Deuxièmement, je donne et lègue à l'Institut de France, sur ledit legs fait à la Compagnie des notaires de Paris, qui serait devenu caduc, les 3,000 francs de rente formant l'autre moitié des 6,000 francs de rente 5 pour cent consolidés sur l'Etat, que j'avais légués à ladite Compagnie des notaires, ce qui, joint aux 12,000 francs de rente de même nature par moi déjà légués à l'Institut, portera la totalité de son legs à 15,000 fr. de rente sur l'Etat, desquels 3,000 francs de rente de supplément il reviendra et appar-

tiendra 5oo francs de rente à l'Académie des
Beaux-Arts, pour lui compléter, avec les
2,5oo francs de même rente qui lui ont été
déjà légués, 3,ooo francs de rente comme
aux trois premières Académies, et les 2,5oo fr.
restants reviendront et appartiendront à l'A-
cadémie des Sciences Morales et Politiques,
pour les employer chaque année en distribution de prix, conformément et ainsi qu'il a
été ci-devant réglé et déterminé pour les
quatre autres Académies, et sous les mêmes
charges et conditions qui leur sont imposées.

---

*Extrait du testament de M. le comte de Maillé-
Latour-Landry, en date du 25 mars 1839.*

Je lègue à l'Académie Française et à l'A-
cadémie royale des Beaux-Arts une somme
de 3o,ooo francs pour la fondation d'un secours à accorder chaque année, au choix de
chacune de ces deux académies alternativement, à un jeune écrivain ou artiste pauvre
dont le talent, déjà remarquable, paraîtra
mériter d'être encouragé à poursuivre sa car-
rière dans les lettres et les beaux-arts.

Ce capital sera employé en rentes sur l'É-
tat, et s'appellera *Prix comte de Maillé-La-
tour-Landry*.

---

*Extrait du testament de M. Lambert, en date
du 30 juin 1849.*

. . . .

Comme toutes mes dispositions sont (en
grande partie) en faveur d'artistes ou hommes de lettres ou leurs veuves, je désire
qu'une commission de deux membres, nommée par l'Institut, s'unisse à M. Foucher
pour s'entendre sur l'exécution de ce testament. . . , ...

. . . .

Ces deux objets terminés, l'Institut s'occu-
perait de distribuer, de mes 3,629 francs de
rentes, des secours à de pauvres artistes,
peintres, musiciens, hommes de lettres ou
leurs veuves. Je commence par désigner une
rente viagère de 1,200 francs de rentes, que
je lègue à Benoît Mozin, compositeur, professeur de piano, demeurant rue Haute-
ville, 57, et avant avenue de Gentilly, 12,
près des Gobelins. Cette rente viagère serait
reversible sur madame Mozin; mais, monsieur
et madame morts, cette rente retournerait à
l'Institut pour être distribuée avec ce qui
reste des 3,629 francs à de pauvres artistes
vieux, ou, comme motif d'encouragement, à
de jeunes artistes pour une production remarquable; alors ce legs prendrait le titre de
Prix Lambert. . . . .

. . . .

Les dons distribués aux malheureux artistes, ou hommes de lettres, seraient intitulés : *Bienfaisance Lambert.*

Par un décret en date du 11 juillet 1853, le montant de la rente sera partagé également entre l'Académie Française et l'Académie des Beaux-Arts, qui sont chargées d'en faire emploi suivant les intentions du testateur.

Extrait du testament de M. le baron de Trémont, en date du 5 mai 1847.

. . . .

Il sera fondé deux prix d'encouragement de *mille francs* chacun, mis à la disposition de l'Académie des Beaux Arts de l'Institut, pour être décernés par elle à deux jeunes peintres ou statuaires et à un musicien pauvres et distingués dans leurs études. Les élèves qui auront obtenu le grand prix de Rome n'y participeront qu'à leur retour, et dans le cas seulement où le manque de travaux les mettrait dans la gêne. Je désire que les seconds prix appellent principalement l'attention de l'Académie. Lorsqu'elle le jugera convenable, elle pourra partager l'encouragement, ou le différer, et encore le continuer au même sujet.

La peinture d'histoire aura d'abord la préférence, ensuite le paysage, puis les autres genres. En cas d'absence de sujets de grande espérance, l'Académie pourra faire son choix parmi les élèves en architecture et en gravure.

Extrait de la donation de mademoiselle Le-clère, en date du 26 mai 1855.

Mademoiselle Louise - Henriette - Esterre Leclère, voulant honorer la mémoire de M. Achille Leclère, son frère, architecte, membre de l'Institut de France, et perpétuer le souvenir de l'intérêt qu'il portait aux études des jeunes architectes de l'Ecole des Beaux-Arts de Paris, a déclaré faire donation à l'Académie des Beaux-Arts de *mille francs* de rente 3 pour cent sur l'Etat français.

Cette donation est faite aux conditions suivantes :

1° La somme de *mille francs* devra être affectée, exclusivement, chaque année, à récompenser l'élève architecte de l'Ecole des Beaux-Arts qui aura obtenu, dans les concours annuels ouverts par l'Académie des Beaux-Arts, le premier second grand prix d'architecture.

2° Cette récompense recevra la dénomination de *Prix Achille Leclère*, et devra être décernée chaque année en même temps que le premier second grand prix.

3º Dans le cas où, par exception, un premier second grand prix d'architecture ne serait pas décerné dans l'un des concours annuels, la section d'architecture de l'Académie déterminerait le meilleur emploi à faire, dans l'intérêt des études des jeunes architectes, de la somme de 1,000 francs devenue disponible.

Extrait du testament de M. Jean Chartier, en date du 27 avril 1858.

. . . .

« Je donne et lègue à l'Institut de France, classe de l'Académie des Beaux-Arts, une rente annuelle de 700 francs pendant cent ans, à partir du jour de mon décès, en faveur des meilleures œuvres de musique de chambre, trios, quatuors, quintetti et sextuors qui approchent le plus des chefs-d'œuvre en ce genre de Boccherini, Haydn, Mozart, Beethoven, Onslow, Mendelssohn, Weber, Spohr, Fesca, Benincori, Reber, Mayseder, Bertini, Hummel, Kuhlau, Reissiger, Reicha, Krommer, avec ou sans piano, pour instruments à vent ou instruments à cordes. La somme de 700 francs ci-dessus pourra être divisée en deux prix, si MM. les membres de l'Académie des Beaux-Arts le jugent convenable ; dans le cas de non-distribution des prix

ci-dessus, qui seront délivrés soit en numé-
raire, soit en médailles, l'Académie pourra
disposer des sommes qui leur seront affectées,
en récompense aux éditeurs de musique qui
feraient graver et donneraient de nouvelles
éditions des chefs-d'œuvre les plus remarquables des compositeurs désignés ci-dessus,
dont les planches sont cassées ou anéanties,
ou bien encore reporter sur l'année suivante
les sommes qui seraient restées sans emploi.

Extrait de la donation de Mme Troyon,
en date du 5 juin 1867.

Mme Jeanne Prach, veuve de M. Jean-
Louis Troyon, a dit qu'en souvenir de son
fils, pour encourager les jeunes gens qui s'a-
donnent à l'étude de la peinture, elle entend
fonder un prix en faveur des artistes français,
âgés de moins de 30 ans;

Que ce prix serait décerné par l'Académie
des Beaux-Arts dans sa séance publique, et
qu'il recevrait la dénomination de prix *Cons-
tant Troyon.*

Elle entend que ce prix soit distribué au
moins tous les deux ans.

Le prix annuel serait de *six cents francs,*
le prix biennal de *douze cents francs.*

I. Elle désire, si c'est un prix annuel, qu'il
soit décerné au premier accessit de peinture

obtenu au concours en loge pour le grand prix de Rome.

Dans le cas où le grand prix ne serait pas décerné, le prix serait acquis au premier concurrent en ligne.

Dans le cas où le deuxième prix de Rome serait rétabli et ne serait pas récompensé par l'envoi à Rome, le prix Troyon serait accordé au concurrent ayant obtenu ce deuxième prix.

Si le deuxième prix était, au contraire, récompensé par l'envoi à Rome, le prix Troyon serait acquis au premier accessit.

II. Si le prix n'était donné que tous les deux ans, il serait décerné au lauréat que l'Académie aurait désigné à la suite d'un concours spécial dont le sujet serait un paysage.

L'Académie des Beaux-Arts a été autorisée à accepter cette donation par un décret impérial en date du 20 juillet 1867.

Extrait du testament de M. Gioachino-Antonio Rossini, en date du 25 juillet 1858.

« Je veux qu'après mon décès et celui de mon épouse, il soit fondé à perpétuité à Paris, et exclusivement pour les Français, deux prix de chacun trois mille francs pour être distribués annuellement, un à l'auteur d'une composition de musique religieuse ou lyrique,

4.

lequel devra s'attacher principalement à la mélodie si négligée aujourd'hui ; l'autre à l'auteur des paroles (prose ou vers) sur lesquelles devra s'appliquer la musique et y être parfaitement appropriée, en observant les lois de la morale dont les écrivains ne tiennent pas toujours assez de compte. Ces productions seront soumises à l'examen d'une commission spéciale prise dans l'Académie des Beaux-Arts de l'Institut, qui jugera celui des concurrents qui aura mérité le prix dit *Rossini* qui sera décerné en séance publique, après l'exécution du morceau, soit dans le local de l'Institut ou au Conservatoire. »

L'Académie des Beaux-Arts a été autorisée à accepter ce legs par un décret impérial en date du 16 mars 1870.

Prix Duc.

Suivant acte passé devant Me Bercéon, notaire à Paris, le 17 septembre 1869, M. Louis-Joseph Duc, membre de l'Académie des Beaux-Arts, a fait donation entre-vifs à ladite Académie d'un certificat de 122 obligations du chemin de fer de Paris-Lyon-Méditerranée, 3 o/o, remboursables à 500 fr. avec intérêts annuels de 15 fr., payables par semestres, les 1er janvier et 1er juillet, pour la fondation

d'un prix biennal (actuellement de 1830 fr.
à décerner *aux hautes études architecto-
niques.*

L'Académie des Beaux-Arts a été autorisée
à accepter cette fondation, par décret impérial du 11 décembre 1869.

Le fondateur du prix des hautes études
d'architecture croit nécessaire de publier la
note suivante pour faire connaître aux concurrents le but qu'il s'est proposé :

« A tous les âges, l'architecture a été la
grande écriture de l'histoire, et celle de notre
pays a fidèlement exprimé notre civilisation
et nos mœurs depuis la domination romaine
jusqu'au siècle de Louis XVI inclusivement.

« Depuis cette époque, les signes et les formes qui constituent les éléments de cette écriture ont été troublés dans leur transformation
successive par des causes qui se rattachent
certainement aux évolutions de la société ;
l'esprit de l'art est devenu critique au lieu
d'être organique, et aujourd'hui il n'est exprimé que par des œuvres qui, bien qu'indi-
viduelles en apparence, ne sont que trop
souvent inspirées par des formes rétrospec-
tives. Aucun lien, aucune autorité, aucune foi,
ne viennent donner l'unité nationale qui ca-
ractérisait les époques passées, et le seul caractère de la nôtre, celui d'une liberté absolue,
tend à la décomposition de notre art.

« Acceptant ce fait, contre lequel nos ins-
titutions sont impuissantes, il a semblé utile au

fondateur de déterminer autant que possible, par des études spéciales et sous le patronage de l'Académie, le style et la forme des éléments de notre architecture moderne.

« Le but de ce concours n'est donc pas le renouvellement de ces exercices d'où naissent tous les jours à l'École des beanx-arts d'ingénieuses et brillantes compositions basées sur des progammes souvent complexes.

« Les concurrents, libres dans le choix de leur composition, peuvent adopter les sujets les plus simples : ce qui leur est particulièrement demandé, c'est que, par une saine et judicieuse application des éléments essentiels de l'architecture à nos besoins et à nos usages, par un emploi bien raisonné des matériaux que nous possédons déjà et de ceux que des recherches souvent heureuses mettent chaque jour à la disposition du constructeur, l'artiste, usant à son gré de toutes les ressources qui lui sont offertes, vienne présenter un résultat d'études qui réponde toujours aux exigences de la raison et du goût ; qu'il rappelle enfin les qualités diverses qui, dans tous les temps, mais surtout aux belles époques de l'art, ont conquis l'admiration universelle qu'elles doivent à jamais conserver.

« Afin de bien accentuer la forme, les profils et l'ornement qui doivent déterminer le style et le caractère de l'architecture, les concurrents développeront, par des détails, au dixième au moins, les parties de leur composition qu'ils jugeront les plus favorables à cette expression.

« Le plan ou les plans seront sur une échelle libre.

« Les élévations et les coupes seront sur une échelle de 2 centimètres pour mètre.

« Le concours, qui est biennal et dont le prix est de 4,000 francs, sera jugé par l'Académie des beaux-arts après une exposition publique.

« Il est ouvert aujourd'hui par cette publication à tous les Français qui justifieront de leur nationalité. Les études couronnées resteront la propriété de l'Académie.

« Le concours étant biennal et ayant été ouvert pour la première fois le 1er avril 1870, les ouvrages présentés devront être déposés au secrétariat de l'Institut de deux en deux ans, le 1er avril. »

Extrait de la donation de Mlle Mélanie Desprez, en date du 3 août 1871.

Mlle Desprez fait donation entre-vifs et irrévocable à l'Académie des Beaux-Arts de l'Institut de France de la nue propriété, pour y réunir l'usufruit au décès de la donatrice, de *mille francs de rente* sur l'État français trois pour cent.

La rente donnée en nue propriété est affec-

4.

tée, à compter du jour du décès de Mlle Desprez, à la fondation à perpétuité d'un prix annuel consistant en une médaille de *mille francs* qui sera, sous le titre de *prix Desprez*, décernée à une œuvre de sculpture, choisie parmi celles que les artistes eux-mêmes auront soumises à l'examen de l'Académie, l'Académie pouvant d'ailleurs se réserver le droit de décerner le prix à un ouvrage qui n'aurait pas été indiqué d'avance.

L'Académie des Beaux-Arts a été autorisée à accepter cette donation par un décret du Président de la république en date du 25 janvier 1872.

Prix Maxime David.

Par un testament olographe en date du 15 août 1870, déposé aux minutes de Me Bourget, notaire à Paris, le 16 septembre 1871, M. Maxime David, artiste peintre et ancien avocat, demeurant à Paris-Passy, y décédé le 23 septembre 1870, a légué à l'Académie des Beaux-Arts une somme suffisante pour la fondation d'un prix annuel de *cinq cents francs à décerner à la meilleure des miniatures présentées aux expositions nationales des Beaux-Arts,* avec réversibilité éventuelle des arrérages, en cas de défaut d'emploi du prix, à la caisse de l'association des artistes peintres, pour être distribués dans la même année.

Ce legs ne pourra être délivré qu'à l'époque du décès de Madame veuve David et sera placé en rentes sur l'État, avec mention sur le titre de la destination des arrérages.

Sur ledit testament, Madame Louise-Armande-Lydie Carnot, veuve de M. Maxime David, est usufruitière de l'universalité des biens légués par son époux. L'Académie des Beaux-Arts ne pourra donc jouir du legs qui lui a été fait qu'après le décès de ladite veuve David.

L'Académie des Beaux-Arts a été autorisée à accepter le legs par décret du 17 septembre 1872.

ARTICLES

*Adoptés dans les séances du 24 juillet 1844
et du 29 mars 1845.*

Chaque année, à la séance publique, après la distribution des grands prix, les noms des artistes appelés à la jouissance de ces legs seront proclamés, et ceux des bienfaiteurs rappelés à la reconnaissance publique.

La rente provenant du legs Deschaumes pourra être accordée durant quatre années de suite à un architecte qui se trouvera, autant que possible, dans les conditions de ce legs, c'est-à-dire qui fera preuve de talents et de vertus domestiques (1).

La même rente annuelle de 1,200 francs servira, chaque cinquième année, à doter un concours de poésie, qui s'ouvrira pour la scène lyrique à mettre en musique au concours de composition musicale.

Il sera ouvert, chaque année, un concours de poésie, dont le sujet sera la scène lyrique

---

(1) Voyez l'*Extrait du testament*, page 26.

à mettre en musique pour le concours de composition musicale, et une médaille de 3oo francs (1) sera accordée à l'auteur de la pièce de vers qui aura été jugée la meilleure.

---

(1) La médaille a été portée, par un vote du 9 août 1863, à 500 francs par une somme complémentaire prise sur une rentrée de fonds faite en vertu du même testament.

DÉCRET.

Le Président de la république française, sur la proposition du ministre de l'Instruction publique, des Cultes et des Beaux-Arts,

Vu la loi organique du 3 brumaire an IV (25 octobre 1795);

Vu la loi du 15 germinal an IV (4 avril 1796);

Vu l'arrêté du gouvernement de la république du 3 pluviôse an XI (22 janvier 1803);

Vu l'ordonnance royale du 4 août 1819;

Vu le décret impérial du 13 novembre 1863;

DÉCRÈTE :

TITRE Ier.

Des Concours aux grands prix de Rome.

ARTICLE PREMIER.

Les concours aux grands prix de Rome se font à l'École nationale des Beaux-Arts.

Tous les artistes âgés de quinze à trente ans, qu'ils soient ou non élèves de l'École, pourvu qu'ils soient Français, peuvent concourir aux grands prix de Rome après avoir subi deux épreuves préalables.

ARTICLE 2.

Le programme des épreuves préparatoires et du concours définitif est réglé par l'Académie des Beaux-Arts.

Les résultats des épreuves et du concours sont jugés par les diverses sections de l'Académie. Chaque section s'adjoindra pour ces jugements, parmi les artistes étrangers à l'Académie, un nombre égal à la moitié du nombre de ses membres, savoir :

7 Peintres,
4 Sculpteurs,
4 Architectes,
2 Graveurs,
3 Compositeurs de musique.

Ces artistes adjoints participeront à tous les travaux de chaque section pendant les concours.

ARTICLE 3.

Le jugement définitif sera prononcé en assemblée générale par toutes les sections réunies.

ARTICLE 4.

Toutes les fois qu'un jugement de section

sera validé par les suffrages de l'Académie, la majorité absolue suffira.

Lorsque, au contraire, ce jugement préparatoire devra être réformé par la substitution d'un autre lauréat au lauréat proposé, la majorité des deux tiers des membres présents sera nécessaire.

ARTICLE 5.

A l'avenir, les jeunes gens qui auront obtenu les grands prix de peinture et de sculpture, et qui seront envoyés à Rome, devront y rester quatre années.

Les lauréats de la section d'architecture devront, dans leur quatrième année, se rendre à l'École d'Athènes. Un séjour à Rome d'une année seulement sera exigé des compositeurs de musique.

ARTICLE 6.

Le Directeur de l'Académie de France est nommé pour six ans, par décret du Président de la république, sur la proposition du ministre de l'Instruction publique, d'après une liste de trois candidats présentés par l'Académie des Beaux-Arts.

TITRE II.

ARTICLE UNIQUE.

Sont abrogées les dispositions des ordonnances, décrets et règlements antérieurs, en tant qu'elles sont contraires au présent décret qui aura son effet à partir du 1er janvier 1872, et dont le ministre de l'Instruction publique assurera l'exécution.

Fait à Versailles, le 13 novembre 1871.

Signé : A. THIERS.

Le Ministre de l'Instruction publique, des Cultes et des Beaux-Arts.

Signé : JULES SIMON.

RÈGLEMENTS

CHAPITRE IV. — *De la distribution des prix. — Des premiers grands-prix et de l'exemption du service militaire. — Des seconds grands-prix et des mentions honorables. Conditions dans lesquelles se trouvent placés ceux qui ont obtenu ces récompenses.*

CHATITRE PREMIER.

DISPOSITIONS GÉNÉRALES.

§ Ier.

DES CONCOURS. — CONDITIONS. — ORDRE ET EXPOSITION DES CONCOURS.

Art. 1. Sous la direction de l'Académie des beaux-arts de l'Institut : il est ouvert, tous les ans, un concours public de peinture, de sculpture, d'architecture et de composition musicale.

Art. 2. Il est ouvert, tous les deux ans, un concours public de gravure en taille-douce.

Art. 3. Il est ouvert, tous les trois ans, un concours public de gravure en médailles et en pierres fines.

Art. 4. Les récompenses obtenues dans ces concours ont la dénomination de Grands Prix.

✻

Art. 5. Pour être admis à prendre part aux concours des grands prix, il faut être Français ou naturalisé Français, n'avoir pas trente ans accomplis au 1er janvier de l'année où s'ouvre le concours ; de plus tout candidat doit être porteur d'un certificat délivré par son professeur ou par un artiste connu attestant qu'il est capable de prendre part au concours. Les artistes mariés ne peuvent concourir.

Art. 6. Tous les ans, au mois de janvier, l'ordre des concours qui auront lieu dans le courant de l'année et l'époque de l'ouverture de ces concours est annoncé au *Journal officiel*.

✻

Art. 7. Chaque concours se divise en concours d'essai et en concours définitif.

Art. 8. L'époque de l'ouverture des premiers concours d'essai est fixée de la manière suivante : pour la peinture, au dernier jeudi de mars ; pour la sculpture, au 1er jeudi d'avril ; pour l'architecture, au 2e mardi de mars ; pour la gravure en taille-douce, au 2e lundi de mars ; pour la gravure en médailles et

5.

en pierres fines, au 2ᵉ mercredi de mars; pour la musique, au 1er samedi de mai.

ART. 9. Le tableau des dispositions générales des concours est affiché à l'École des beaux-arts et au Conservatoire de musique quinze jours au moins avant l'ouverture de ces concours.

⁂

ART. 10. Les programmes des concours d'essai et des concours définitifs sont fixés par l'Académie des beaux-arts comme il est dit au règlement spécial de chaque section.

⁂

ART. 11. A la suite de chaque concours, les ouvrages des concurrents en peinture, sculpture, architecture, gravure en taille-douce, gravure en médailles et en pierres fines, sont exposés publiquement dans les salles de l'École des beaux-arts destinées aux expositions de l'École et de l'Académie des beaux-arts. Les ouvrages sont exposés avant et après le jugement de chaque concours.

§ II.

JUGEMENTS DES ESSAIS ET JUGEMENTS PRÉPARATOIRES DES CONCOURS DÉFINITIFS. — JURÉS ADJOINTS. — JUGEMENTS DÉFINITIFS.

ART. 12. Les jugements des concours d'essai et les jugements préparatoires des concours définitifs sont rendus par les sections qui s'adjoignent à cet effet, parmi les artistes étrangers à l'Académie, un nombre d'assesseurs égal à la moitié du nombre des membres de chaque section, à savoir :

7 peintres, — 4 sculpteurs, — 4 architectes, — 2 graveurs, — 3 compositeurs de musique.

Art. 13. Les artistes qui seront appelés à prendre part aux jugements de sections ou jurés adjoints seront pris sur une liste portant un nombre de candidats dépassant de moitié le nombre des jurés adjoints qui seront appelés à prendre part aux travaux de chaque section, à savoir : 11 peintres, — 6 sculpteurs, — 6 architectes, — 3 graveurs, — 5 compositeurs de musique.

Art. 14. Cette liste sera formée de la manière suivante :

Chaque section nommera au scrutin de liste un nombre de candidats égal à la moitié de ses membres ;

L'Académie complétera par la même voie le nombre des candidats spécifié plus haut.

Art. 15. Lorsque les listes des candidats seront formées, les jurés adjoints seront désignés par le sort. Les noms des jurés adjoints seront publiés par ordre alphabétique.

Art. 16. Les jurés adjoints forment avec les sections des commissions dites commissions de jugement.

✳

Art. 17. Le jugement définitif sera prononcé en assemblée générale par toutes les sections de l'Académie réunies.

Art. 18. Toutes les fois qu'un jugement de section devra être validé par les suffrages de l'Académie, la majorité absolue des suffrages suffira. Lorsque, au contraire, le jugement préparatoire devra être réformé par la substitution d'un autre lauréat au lauréat proposé, la majorité de deux tiers des membres présents sera nécessaire.

Art. 19. En principe il ne peut être décerné par an dans chaque section qu'un premier grand prix, et deux autres récompenses, soit seconds grands prix, soit mentions honorables.

Art. 20. Dans le cas où l'Académie n'aurait pas décerné le premier grand prix, cette récompense sera réservée pour être décernée l'année suivante, s'il y a lieu, à titre de deuxième premier grand prix.

Art. 21. Lorsque tous les jugements sont terminés, le secrétaire perpétuel de l'Académie adresse au ministre un rapport où sont consignés les résultats des concours des grands prix.

Art. 22. Il est tenu par le secrétaire perpétuel de l'Académie un registre particulier contenant les procès-verbaux de toutes les séances des jugements des concours des grands prix.

CHAPITRE II.

ORGANISATION ET POLICE DES CONCOURS.

—

Art. 23. Les concours pour les grands prix de Rome ont lieu, à savoir : pour la peinture, la sculpture, l'architecture, la gravure en taille-douce et la gravure en médailles et en pierres fines, à l'École des beaux-arts ; pour la composition musicale, au Conservatoire de musique.

—

§ 1er.

PEINTURE, SCULPTURE, ARCHITECTURE, GRAVURE EN TAILLE-DOUCE, GRAVURE EN MÉDAILLES ET EN PIERRES FINES.

Art. 24. L'Académie des beaux-arts délègue à l'administration de l'École des beaux-arts le soin de maintenir et de faire exécuter les règlements à observer dans les concours de peinture, sculpture, architecture, gravure en taille-douce, gravure en médailles et en pierres fines, ainsi que la surveillance des concurrents.

Art. 25. Les jeunes artistes qui désirent prendre part aux concours pour les grands

prix et qui remplissent les conditions déterminées par l'article 5 doivent se faire inscrire
au secrétariat de l'École des beaux-arts, dans
les délais annoncés au *Journal Officiel* et
affichés à l'École des beaux-arts.

ART. 26. Dans les différents concours,
l'appel des concurrents aura lieu à huit heures
précises du matin ; ceux qui se présenteront
après cet appel terminé ne pourront être
reçus.

ART. 27. Jouissent pour les concours d'essai
de certaines exemptions qui sont spécifiées
par les règlements particuliers des sections
de peinture, de sculpture et d'architecture,
les artistes et les élèves de l'École des beaux-
arts ayant obtenu pour les grands concours
précédents et pour les concours d'émulation
de l'École des beaux-arts, les récompenses
déterminées par ces mêmes règlements (1).

---

(1) Ces récompenses sont classées de la manière suivante :

1er second grand prix.
2e second grand prix.
1re mention honorable.
2e mention honorable.

Admission en loge quand les conditions réglementaires du concours ont été remplies.

Première médaille obtenue en peinture, en sculpture et dans la 1re classe d'architecture de l'École des
Beaux-Arts.

Deuxième médaille obtenue dans la 1re classe
d'architecture de la même École sur projet rendu.

Art. 28. Il sera donné connaissance aux concurrents avant leur entrée en loge du règlement sur les concours et des obligations imposées à ceux qui remportent les premiers grands prix, tant par rapport à leur départ pour Rome qu'à leur séjour à la villa Médicis, à leurs voyages et aux travaux qu'ils sont tenus d'exécuter pendant la durée de leur pension.

Art. 29. Pendant les concours un extrait du règlement concernant chaque concours est affiché à l'entrée des loges qui y sont affectées.

Art. 30. Toute infraction à la sincérité du concours entraîne la mise hors de concours.

Art. 31. Aucun concurrent ne pourra soustraire son ouvrage au jugement de l'Académie pour quelque prétexte que ce soit.

Art. 32. Tous les concurrents reçoivent une indemnité pour frais d'exécution du concours (1).

---

(1) Cette indemnité a été réglée ainsi qu'il suit :
Pour chaque concurrent en peinture. . . . . 300 fr.
—   en sculpture. . . . . 300 fr.
—   en architecture. . . . . 200 fr.
—   gravure en taille-douce. 200 fr.
—   gravure en médailles et
            pierres fines. . . . . . 200 fr.

Art. 33. Pendant la durée du concours cette indemnité pourra être délivrée aux logistes au fur et à mesure de leurs besoins jusqu'à concurrence des deux tiers de la somme totale.

Art. 34. Le tiers restant de cette indemnité sera retenu jusqu'à la fin du concours : il sera perdu pour ceux des concurrents qui n'auraient pas rempli les conditions du concours, à moins que l'Académie n'en décide autrement.

Art. 35. Dans le cas où les concurrents auraient commis quelques dégradations dans les loges, la réparation sera payée sur cette indemnité.

Art. 36. Les concurrents sont spécialement placés sous la surveillance de l'Inspecteur de l'École chargé de faire observer les règlements relatifs à la police du concours.

Art. 37. Les concurrents ne doivent introduire dans leur loge aucune personne étrangère à l'École (les modèles reconnus tels exceptés), ni s'introduire dans la loge des autres concurrents sous peine d'être exclus du concours.

Art. 38. Les loges sont fermées les dimanches et fêtes. Aucun jour supplémentaire ne peut être accordé que par une décision de l'Académie, sur un rapport motivé de l'administration de l'École des beaux-arts.

Art. 39. Si quelque difficulté imprévue entravait l'exécution du règlement, l'Administration de l'École prononcerait provisoirement sur le point en litige et en référerait immédiatement à l'Académie par un rapport adressé à son président. Celui-ci, après avoir consulté l'Académie qui appréciera et jugera en dernier ressort, transmettra la décision arrêtée à l'Administration de l'École pour la mettre aussitôt à exécution, et l'avis en sera donné au Ministre compétent.

Art. 40. Le Directeur et le Secrétaire de l'École sont chargés de l'exécution de ces dispositions.

Art. 41. Ils ont toujours, ainsi que l'Inspecteur de l'Ecole, le droit d'entrer dans les loges.

§ 2.

COMPOSITION MUSICALE.

Art. 42. L'Académie des beaux-arts délègue à l'Administration du Conservatoire de musique le soin de maintenir et de faire exécuter les règlements à observer dans le concours de composition musicale ainsi que la surveillance des concurrents.

Art. 43. Les jeunes artistes qui désirent prendre part au concours pour le grand prix de musique et qui remplissent les conditions déterminées par l'article 5 doivent se faire inscrire au secrétariat du Conservatoire de musique dans les délais annoncés au *Journal Officiel* et affichés au Conservatoire.

ART. 44. Dans les différents concours, l'appel des concurrents aura lieu à dix heures précises du matin; ceux qui se présenteront après cet appel terminé ne pourront être admis.

ART. 45. Il sera donné connaissance aux concurrents avant leur entrée en loge du règlement sur les concours et des obligations imposées à ceux qui remportent le premier grand prix, tant par rapport à leur départ pour Rome qu'à leur séjour à la Villa Médicis, à leurs voyages et aux travaux qu'ils sont tenus d'exécuter pendant la durée de leur pension.

ART. 46. Pendant le concours un extrait du règlement est affiché à l'entrée des loges.

ART. 47. Toute infraction à la sincérité du concours entraîne la mise hors de concours.

ART. 48. Aucun concurrent ne pourra soustraire son ouvrage au jugement de l'Académie sous quelque prétexte que ce soit.

ART. 49. Tous les concurrents reçoivent une indemnité pour les frais du concours (1).

---

(1) Cette indemnité est fixée pour chaque concurrent à 100 francs.

Cette indemnité sera perdue pour ceux des concurrents qui n'auraient pas rempli les conditions du concours, à moins que l'Académie n'en décide autrement.

ART. 5o. Les concurrents sont spécialement placés sous la surveillance du chef du secrétariat du Conservatoire chargé de faire observer les règlements relatifs à la police du concours.

ART. 51. Les concurrents ne peuvent introduire dans leur loge aucune personne étrangère ni s'introduire dans la loge d'un autre concurrent, sous peine d'être exclus du concours.

ART. 52. Si quelque difficulté imprévue entravait l'exécution du règlement, l'Administration du Conservatoire prononcerait provisoirement sur le point en litige et en référerait immédiatement à l'Académie par un rapport adressé à son président. Celui-ci, après avoir consulté l'Académie qui appréciera et jugera en dernier ressort, transmettra la décision arrêtée à l'Administration du Conservatoire pour la mettre aussitôt à exécution et l'avis en sera donné au Ministre compétent.

ART. 53. Le Directeur et le Chef du secrétariat du Conservatoire sont chargés de l'exécution de ces dispositions.

ART. 54. Ils ont toujours, ainsi que les surveillants du Conservatoire, le droit d'entrer dans les loges.

CHAPITRE III.

DISPOSITIONS SPÉCIALES.

RÈGLEMENTS PARTICULIERS A CHACUN DES
CONCOURS.

I.

CONCOURS POUR LE GRAND PRIX DE PEINTURE.

ARTICLE 1ᵉʳ. Il y a tous les ans un concours pour le grand prix de peinture.

ART. 2. Le concours pour le grand prix de
peinture comprend deux concours d'essai et
un concours définitif.

Premier concours d'essai.

ART. 3. Le premier concours d'essai pour
le grand prix de peinture a lieu invariablement chaque année, le dernier jeudi de mars.

ART. 4. Le premier concours d'essai consiste dans une esquisse peinte sur une toile
dite de six, c'est-à-dire ayant 0,40 sur 0,32.

ART. 5. Sont admis au premier concours
d'essai les élèves en peinture qui remplissent
les conditions déterminées à l'art. 5 des dispositions générales du présent règlement.

ART. 6. Sont exempts du premier essai
ceux qui ont précédemment fourni des preuves
de capacité, savoir :

1° Les élèves qui dans les concours précédents pour le grand prix de Rome ont obtenu un deuxième grand prix ou une mention *(les accessits décernés depuis 1863 sont assimilés pour les exemptions qu'ils emportent aux seconds grands prix)* ;

2° Ceux qui, dans les concours précédents, ont été admis en loge et ont rempli les conditions réglementaires du concours ;

3° Ceux qui dans les concours d'émulation de l'École nationale et spéciale des beaux-arts ont obtenu une première médaille.

ART. 7. Le jour fixé pour l'ouverture du concours, les membres de la section de peinture de l'Académie, réunis sous la présidence du président de l'Académie, assisté des autres membres du bureau, s'assemblent à sept heures et demie du matin à l'École des beaux-arts pour procéder au choix du programme.

ART. 8. Chaque membre de la section propose un ou plusieurs programmes ; les programmes sont tirés de la mythologie et de l'histoire sacrée ou profane.

ART. 9. Les membres de la section choisissent ensuite, par scrutin de liste et à la majorité relative des suffrages, trois des programmes proposés.

ART. 10. Par un second vote, on choisit au scrutin et à la majorité des voix le programme du concours. En cas d'égalité des suffrages entre deux programmes et après deux tours de scrutin, le programme sera désigné par le sort. Le programme doit être remis à neuf heures.

ART. 11. Le Secrétaire perpétuel de l'Académie, assisté de deux commissaires, parmi lesquels sera l'auteur du programme, porte le programme aux concurrents réunis dans les loges et leur en fait la dictée.

ART. 12. Les autres membres de la commission restent en séance jusqu'au retour du Secrétaire perpétuel et des commissaires, afin de faire au programme, s'il y a lieu, les modifications nécessaires. Tant que les commissaires ne sont pas de retour et que le programme n'est pas définitivement arrêté, aucun membre ne peut quitter la séance.

ART. 13. L'appel des concurrents se fait suivant leur ordre d'inscription sur les registres de l'École.

ART. 14. Aucun document, tel que peinture, dessin, gravure, photographie ou calque, ne peut être introduit par les concurrents dans le lieu du concours.

Toute communication avec le dehors est interdite dès la dictée du programme.

ART. 15. L'esquisse doit être terminée en douze heures, à partir de la dictée du programme.

Art. 16. L'esquisse de chaque concurrent porte le numéro sous lequel le concurrent se trouve inscrit à la suite de l'appel.

Art. 17. Le soir même, après le départ des concurrents, les esquisses sont revêtues du timbre de l'Institut par un des membres de la section assisté du Secrétaire de l'École des beaux-arts.

Art. 18. Les esquisses sont exposées publiquement pendant deux heures avant et pendant deux heures après le jugement.

Art. 19. La place assignée à chaque esquisse au moment de la première exposition et du jugement est déterminée par le sort.

Jugement du premier essai.

Art. 20. Au jour fixé les membres de la section de peinture de l'Académie, les jurés adjoints, réunis en commission de jugement sous la présidence du président de l'Académie assisté des autres membres du bureau, s'assemblent dans le lieu où sont exposées les esquisses.

Art. 21. Un classement provisoire des esquisses aura été fait le matin par trois commissaires dont deux membres de la section et un juré adjoint.

Art. 22. Ensuite la commission procède, par la voie du scrutin et à la majorité absolue des suffrages, au choix des esquisses dont les auteurs seront admis au deuxième concours d'essai.

ART. 23. Les membres du bureau prennent part à toutes les discussions, mais ne votent que s'ils sont membres de la section.

ART. 24. Le nombre des élèves à admettre au 1er concours d'essai est de vingt, quel que soit d'ailleurs le nombre des élèves exempts.

ART. 25. Immédiatement après le jugement, les noms des élèves admis au second concours d'essai sont affichés dans l'École.

ART. 26. Au moment de la seconde exposition, les esquisses des élèves admis sont rangées par ordre de réception.

Second concours d'essai.

ART. 27. Le second concours d'essai a lieu aussitôt après le premier. Il consiste en deux épreuves, à savoir : 1° Une esquisse peinte ; — 2° Une figure nue peinte d'après nature.

§ 1er. Première épreuve.

ART. 28. Le programme de l'esquisse est arrêté et transmis aux concurrents dans les formes spécifiées aux articles 7, 8, 9, 10, 11, et 12 du présent règlement. Les concurrents sont appelés dans l'ordre suivant : 1° les élèves exempts du premier concours d'essai d'après l'importance des récompenses qu'ils ont précédemment obtenues (voir aux dispositions générales l'art. 27); 2° les élèves admis après le premier concours d'essai dans leur ordre de réception. Les esquisses sont exécutées, numérotées et timbrées dans les formes déterminées aux articles 5, 6 et 7 du présent règlement.

Jugement de la première épreuve.

ART. 29. Cette première épreuve est jugée par la section de peinture et les jurés adjoints réunis sous la présidence du président de l'Académie assisté des autres membres du bureau, ainsi qu'il est dit aux articles 22 et 23 du présent règlement.

§ 2. Deuxième épreuve.

ART. 3o. La figure peinte est exécutée d'après le modèle vivant posé par le membre de la section désigné par l'Académie. Les concurrents sont répartis en trois séries. Ils sont appelés dans l'ordre où ils ont été classés à la suite de la première épreuve.

ART. 31. Les concurrents doivent exécuter leurs figures en quatre séances de sept heures chacune (non compris le repos du modèle).

ART. 32. La figure peinte est exécutée sur une toile dite de vingt-cinq, c'est-à-dire ayant 0,81 sur 0,65. Avant l'exposition du concours, les figures sont revêtues du timbre de l'Académie dans la forme indiquée à l'article 13.

Art. 33. Le concours est exposé deux heures avant et deux heures après le jugement.

Art. 34. Le placement des figures au moment de la première exposition et du jugement est déterminé par le sort.

Jugement de la deuxième épreuve.

Art. 35. La seconde épreuve est jugée comme la première par la section de peinture et les jurés adjoints réunis sous la présidence du président de l'Académie assisté des autres membres du bureau, ainsi qu'il est dit aux articles 22 et 23 du présent règlement.

Art. 36. Pour ce jugement les esquisses sont rapprochées des figures peintes. Les deux ouvrages de chaque concurrent sont réunis sous le même numéro.

Art. 37. Le nombre des élèves admis au concours dénitif ne peut dépasser dix.

Art. 38. Immédiatement après le jugement, une affiche placée à l'École des beaux-arts fera connaître les noms des élèves admis au concours définitif et rappellera le jour fixé pour l'ouverture du concours.

Art. 39. Au moment de la seconde exposition, les ouvrages des élèves admis seront rangés dans l'ordre de leur réception.

Art. 40. La veille de l'ouverture du concours définitif, les concurrents prendront possession de leurs loges suivant l'ordre d'admission fixé par le jugement.

Concours définitif.

ART. 41. Le concours définitif pour le grand prix de peinture commence dans la semaine qui suit le jugement du 2ᵉ concours d'essai. Ce concours consiste dans l'exécution d'un tableau dont la toile dite de quatre-vingts aura 1ᵐ,46 sur 1ᵐ,15.

ART. 42. Le jour fixé pour l'ouverture du concours, les membres de la section de peinture réunis sous la présidence du président de l'Académie assisté des autres membres du bureau s'assemblent à sept heures et demie du matin à l'École des beaux-arts pour procéder au choix du programme.

ART. 43. Le programme est arrêté et transmis aux concurrents dans les formes prescrites aux articles 7, 8, 9, 10, 11 et 12 du présent règlement. Le programme doit être remis à neuf heures.

ART. 44. Avant la dictée du programme, il est donné lecture aux concurrents des règlements qui fixent les conditions et assurent la sincérité du concours.

ART. 45. Après la lecture du programme, il est délivré à chacun des concurrents, pour y tracer son esquisse, une feuille de papier estampillée de grandeur uniforme.

ART. 46. Aussitôt après, les concurrents entrent dans leurs loges. trente-six heures consécutives sont accordées pour l'exécution des esquisses.

ART. 47. Ce temps expiré, un membre de la section de peinture, accompagné du Secrétaire et de l'Inspecteur de l'École timbre et signe les esquisses des concurrents. Ces esquisses sont laissées à leur disposition, mais ne peuvent sortir des loges. Ensuite le même membre reçoit de chacun des concurrents un calque de son esquisse. Ce calque sera assez arrêté pour ne laisser indécise aucune des intentions de l'auteur en ce qui regarde l'expression du sujet et les lignes générales de la composition. Le membre de la section signe le calque qui a été préalablement signé par l'élève. L'Inspecteur recueille ces calques dans un portefeuille qui est scellé du sceau de l'Académie et remis à la garde du Secrétaire de l'École pour être représenté sous sa responsabilité le jour de l'exposition du concours.

ART. 48. La durée du concours est de soixante-douze jours de travail à partir de la dictée du programme.

ART. 49. Il est interdit d'introduire dans les loges aucun mannequin ou maquette ajustés au dehors; il est également interdit d'introduire des peintures, des dessins, des photographies, des gravures et des études de nus et de draperies.

Art. 5o. Aucun concurrent ne peut se soustraire à l'obligation de laisser son ouvrage figurer à l'exposition du concours, sous prétexte qu'il n'est pas terminé ou pour quelque cause que ce soit. Dans le cas où l'un des concurrents aurait détruit ou dénaturé son travail, il perdrait la partie de l'indemnité qui a été mise en réserve, et sa contravention à l'ordre établi pourrait être l'objet d'un blâme qui serait consigné au procès-verbal du jugement et porté sur l'affiche destinée à faire connaître le résultat du concours.

Art. 51. A l'époque déterminée par l'Académie et le concours étant clos, les tableaux sont mis sous scellé jusqu'au jour du jugement.

Art. 52. La pose et la levée des scellés seront effectuées par l'Inspecteur de l'Ecole, en présence d'un membre de la section de peinture délégué à cet effet. Les concurrents peuvent assister à cette opération.

Exposition publique.

Art. 53. Les tableaux étant vernis sont exposés sur le même front, à intervalles égaux et à la hauteur de $1^m,6o$. Sous ces réserves chaque concurrent, selon son rang d'admission, dirige le placement de son ouvrage.

Art. 54. Les calques des esquisses sont retirés du scellé et placés sous verre, au ba de chaque tableau exposé.

Art. 55. Une exposition publique du concours a lieu trois jours avant et un jour après le jugement.

Jugement du concours définitif.
Jugement préparatoire.

Art. 56. Le jour fixé pour le jugement du grand prix de peinture, les membres de la section et les jurés adjoints, réunis en commission, sous la présidence du Président de l'Académie assisté des autres membres du bureau, s'assemblent à onze heures du matin dans la salle où est exposé le concours pour procéder au jugement préparatoire.

Art. 57. Le Président fait donner lecture du programme du concours, puis la commission désigne trois commissaires dont deux membres de la section et un juré adjoint pour vérifier si les concurrents ont rempli toutes les conditions du programme et si les tableaux sont conformes aux esquisses et dans les dimensions exigées.

Art. 58. Après examen et dans un rapport verbal, les commissaires proposent, s'il y a lieu, de mettre hors de concours ceux des concurrents qui n'auraient pas rempli les conditions imposées par le règlement et par le programme. Il est statué, à la majorité des suffrages, par la commission sur ces propositions. Les membres du bureau étrangers à la section ne prennent point part au scrutin, ainsi qu'il a été spécifié ci-dessus.

ART. 59. La commission procède ensuite au jugement préparatoire dans les formes prescrites aux articles 22 et 23 du présent règlement. Après discussion, elle décide au scrutin, à la majorité absolue des suffrages et sans ballottage, à quel numéro doit être accordé le prix.

ART. 60. Dans le cas où, après trois tours de scrutin, la majorité ne serait pas obtenue par l'un des concurrents, le vote sera interrompu et le président ouvrira de nouveau la discussion sur le mérite des ouvrages exposés.

ART. 61. La commission décide, en observant les mêmes formes, s'il y a lieu d'accorder deux autres récompenses, soit deux seconds prix, soit un second prix et une mention honorable, soit deux mentions honorables. Dans ces limites, le vote sera continué, tant que la majorité ne se prononcera pas pour la négative.

ART. 62. L'opinion de la commission sur le mérite des ouvrages récompensés est recueillie et sommairement motivée dans un procès-verbal signé du Président et du Secrétaire perpétuel de l'Académie. Les chiffres des majorités seront consignés dans ce procès-verbal ainsi que le nombre des scrutins.

Jugement définitif.

ART. 63. A une heure après midi, le même jour, l'Académie des beaux-arts s'assemble dans le même local pour procéder au jugement définitif. Les jurés adjoints assistent au jugement définitif avec voix consultative.

ART. 64. L'Académie étant réunie et la séance ouverte, le Secrétaire perpétuel lit le programme du concours, le procès-verbal de la séance tenue par la commission, la teneur du jugement préparatoire qu'elle a rendu et les motifs de ce jugement.

ART. 65. Le Président désigne deux membres de la section autres que ceux qui ont été chargés du rapport dont il a été parlé dans le jugement préparatoire pour examiner si toutes les conditions du concours et du programme ont été fidèlement remplies et si les ouvrages exposés sont conformes aux esquisses.

ART. 66. D'après les rapports des commissaires, l'Académie décide, à la majorité absolue des suffrages, si les concurrents (qui lui sont signalés) seront maintenus au concours ou si quelqu'un doit en être exclu.

ART. 67. S'il est fait pour la mise hors de concours des propositions tendant à infirmer ou à modifier les décisions de la commission chargée du jugement préparatoire, ces propositions ne pourront être adoptées que si elles réunissent les suffrages des deux tiers des membres présents.

ART. 68. Ensuite le président invite l'Académie à procéder immédiatement au jugement définitif. La question est posée dans les termes suivants : « A quel numéro doit être accordé le premier grand prix ? » L'Académie, au scrutin, à la majorité absolue des suffrages et sans ballottage, décide à quel numéro le premier grand prix doit être accordé.

ART. 69. Dans le cas où l'Académie n'aurait pas décerné le premier grand prix, ce premier grand prix restera en réserve pour les concours de l'année suivante, s'il y a lieu.

ART. 70. Dès que le premier grand prix est décerné, l'Inspecteur de l'école met sur les ouvrages dont les auteurs ont obtenu un premier second prix dans les précédents concours une inscription rappelant ce succès. Lorsqu'il aura été statué en ce qui concerne le premier second grand prix, l'Inspecteur de l'École mettra sur les ouvrages dont les auteurs ont obtenu un deuxième second grand prix dans les précédents concours une inscription rappelant ce succès. Il sera procédé de la même manière en ce qui concerne les mentions honorables. Ces inscriptions seront maintenues lors de l'exposition publique sur les ouvrages dont les auteurs n'auront pas obtenu une récompense supérieure dans le concours.

Art. 71. Les récompenses autres que le premier prix, et telles qu'elles sont prévues à l'article 61 du présent règlement, sont accordées en observant les formalités indiquées plus haut.

Art. 72. Les noms de ceux qui ont remporté le grand prix et les autres récompenses sont affichées dans l'école aussitôt après le jugement.

II.

CONCOURS POUR LE GRAND PRIX DE SCULPTURE.

Art. 1. Il y a tous les ans un concours pour le grand prix de sculpture.

Art. 2. Le concours pour le grand prix de sculpture comprend deux concours d'essai et un concours définitif.

Premier concours d'essai.

Art. 3. Le premier concours d'essai pour le grand prix de sculpture a lieu invariablement, chaque année, le premier jeudi d'*avril*.

Art. 4. Le premier concours d'essai consiste dans une esquisse modelée en bas-relief; la mesure dans l'œuvre des fonds est de o^m 33 sur o^m 41.

ART. 5. Sont admis au premier concours d'essai les élèves en sculpture qui remplissent les conditions déterminées à l'article 5 des dispositions générales du présent règlement.

ART. 6. Sont exempts du premier essai ceux qui ont précédemment fourni des preuves de capacité, savoir :

1° Les élèves qui dans les concours précédents pour le grand prix de Rome ont obtenu un deuxième grand prix ou une mention *(les accessits décernés depuis 1863 sont assimilés pour les exemptions qu'ils emportent aux seconds grands prix)* ;

2° Ceux qui dans les concours précédents ont été admis en loge et ont rempli les conditions réglementaires du concours ;

3° Ceux qui dans les concours d'émulation de l'École nationale et spéciale des beaux-arts ont obtenu une première médaille.

ART. 7. Le jour fixé pour l'ouverture du concours, les membres de la section de sculpture de l'Académie, réunis sous la présidence du président de l'Académie assisté des autres membres du bureau, s'assemblent à sept heures et demie du matin à l'École des beaux-arts pour procéder au choix du programme.

ART. 8. Chaque membre de la section propose un ou plusieurs programmes ; les programmes sont tirés de la mythologie et de l'histoire sacrée ou profane.

Art. 9. Les membres de la section choisissent ensuite, par scrutin de liste et à la majorité relative des suffrages, trois des programmes proposés.

Art. 10. Par un second vote, on choisit au scrutin et à la majorité des voix le programme du concours. En cas d'égalité des suffrages entre deux programmes, et après deux tours de scrutin, le programme du concours sera désigné par le sort. Le programme doit être remis à neuf heures.

Art. 11. Le Secrétaire perpétuel de l'Académie, assisté de deux commissaires parmi lesquels sera l'auteur du programme, porte le programme aux concurrents réunis dans les loges et leur en fait la dictée.

Art. 12. Les autres membres de la commission restent en séance jusqu'au retour du Secrétaire perpétuel et des commissaires, afin de faire au programme, s'il y a lieu, les modifications nécessaires. Tant que les commissaires ne sont pas de retour et que le programme n'est pas définitivement arrêté, aucun membre ne peut quitter la séance.

Art. 13. L'appel des concurrents se fait suivant leur ordre d'inscription sur les registres de l'École.

Art. 14. Aucun document tel que dessin, gravure, peinture, photographie ou calque ne peut être introduit par les concurrents dans le lieu du concours. Toute communication avec le dehors est interdite dès la dictée du programme.

Art. 15. L'esquisse doit être terminée en douze heures, à partir de la dictée du programme.

Art. 16. L'esquisse de chaque concurrent porte le numéro sous lequel le concurrent se trouve inscrit à la suite de l'appel.

Art. 17. Le soir même, après le départ des concurrents, les esquisses sont revêtues du timbre de l'Institut par un des membres de la section assisté du Secrétaire de l'École des beaux-arts.

Art. 18. Les esquisses sont exposées publiquement pendant deux heures avant et pendant deux heures après le jugement.

Art. 19. La place assignée à chaque esquisse au moment de la première exposition et du jugement est déterminée par le sort.

Jugement du premier essai.

Art. 20. Au jour fixé les membres de la section de sculpture de l'Académie, les jurés adjoints réunis en commission de jugement sous la présidence du président de l'Académie assisté des autres membres du bureau, s'assemblent dans le lieu où sont exposées les esquisses.

Art. 21. Un classement provisoire des es-

quisses aura été fait le matin par trois commissaires dont deux membres de la section et
un juré adjoint.

ART. 22. La commission procède ensuite
par la voie du scrutin et à la majorité absolue
des suffrages au choix des esquisses dont les
auteurs seront admis au deuxième concours
d'essai.

ART. 23. Les membres du bureau prennent part à toutes les discussions, mais ne
votent que s'ils sont membres de la section.

ART. 24. Le nombre des élèves à admettre
au premier concours d'essai est de vingt,
quel que soit d'ailleurs le nombre des élèves
exempts.

ART. 25. Immédiatement après le jugement, les noms des élèves admis au second
concours d'essai sont affichés dans l'École.

ART. 26. Au moment de l'exposition, qui
a lieu à la suite du jugement, les esquisses des
élèves admis sont rangées par ordre de réception.

Second concours d'essai.

ART. 27. Le second concours d'essai a
lieu aussitôt après le jugement du premier.
Il consiste en deux épreuves : 1° Une esquisse
modelée ; 2° Une figure nue modelée d'après
nature.

§ 1er. *Première épreuve.*

Art. 28. Le programme de l'esquisse est arrêté et transmis aux concurrentsdans les formes spécifiées aux articles 7, 8, 9, 10, 11 et 12 du présent règlement. Les concurrents sont appelés dans l'ordre suivant :

1° Les élèves exempts du premier concours d'essai d'après l'importance des récompenses qu'ils ont précédemment obtenues (voir aux dispositions générales l'art. 33) ; 2° les élèves admis après le premier concours d'essai dans leur ordre de réception ; les esquisses sont exécutées, numérotées et timbrées dans les formes déterminées aux articles 15, 16 et 17 du présent règlement.

Jugement de la première épreuve.

Art. 29. Cette première épreuve est jugée par la section de sculpture et les jurés adjoints réunis sous la présidence du président de l'Académie assisté des autres membres du bureau, ainsi qu'il est dit aux articles 22 et 23 du présent règlement.

§ 2. *Deuxième épreuve.*

Art. 30. La figure modelée est exécutée d'après le modèle vivant posé par un membre de la section désigné par l'Académie. Les concurrents sont répartis en trois séries. Ils sont appelés dans l'ordre où ils ont été classés à la suite de la première épreuve.

ART. 31. Les concurrents doivent exécuter leurs figures en quatre séances de sept heures chacune (non compris le repos du modèle).

ART. 32. La figure modelée est exécutée *sur un fond de 0,55 sur 0,82 non compris la plinthe de la figure.* A l'expiration du concours, les figures sont revêtues du timbre de l'Académie dans la forme indiquée à l'article 13.

ART. 33. Le concours est exposé deux heures avant et deux heures après le jugement.

ART. 34. Le placement des figures au moment de la première exposition et du jugement est déterminé par le sort.

Jugement de la deuxième épreuve.

ART. 35. La seconde épreuve est jugée, comme la première, par la section de sculpture et les jurés adjoints réunis sous la présidence du président de l'Académie assisté des autres membres du bureau, ainsi qu'il est dit aux articles 22 et 23 du présent règlement.

ART. 36. Pour ce jugement, les esquisses sont rapprochées des figures modelées. Les deux ouvrages de chaque concurrent sont réunis sous le même numéro.

ART. 37. Le nombre des élèves admis au concours définitif ne peut dépasser dix.

ART. 38. Immédiatement après le jugement, une affiche placée à l'École des beaux-arts fera connaître les noms des élèves admis au concours définitif et rappellera le jour fixé pour l'ouverture de ce concours.

ART. 39. Au moment de la seconde exposition, les ouvrages des élèves admis seront rangés dans l'ordre de leur réception.

ART. 40. La veille de l'ouverture du concours définitif, les concurrents prendront possession de leurs loges, suivant l'ordre d'admission fixé par le jugement.

Concours définitif.

ART. 41. Le concours définitif pour le grand prix de sculpture commence dans la semaine qui suit le jugement du deuxième concours d'essai. Ce concours consiste alternativement dans l'exécution d'un bas relief ou dans l'exécution d'une figure en ronde-bosse.

ART. 42. Le jour fixé pour l'ouverture du concours, les membres de la section de sculpture réunis sous la présidence du président de l'Académie assisté des autres membres du bureau, s'assemblent à sept heures et demie du matin à l'École des beaux-arts, pour procéder au choix du programme.

ART. 43. Le programme du concours est

arrêté et transmis aux concurrents dans les formes prescrites aux articles 7, 8, 9, 10, 11 et 12 du présent règlement. Le programme doit être remis à neuf heures.

Art. 44. Avant la dictée du programme, il est donné lecture aux concurrents des règlements qui fixent les conditions et assurent la sincérité du concours.

Art. 45. Si le programme demande un bas-relief, l'esquisse doit être exécutée sur un fond de $0^m 33$ sur $0^m 41$. Si le sujet doit être traité en ronde-bosse, l'esquisse de la figure aura $0^m 34$ de proportion sur une plinthe $0^m 03$ d'épaisseur.

Art. 46. Aussitôt après la dictée du programme, les concurrents entrent dans leurs loges. Trente-six heures consécutives sont accordées pour l'exécution des esquisses.

Art. 47. Ce temps expiré, un membre de la section de sculpture, accompagné du Secrétaire et de l'Inspecteur de l'Ecole, timbre les esquisses des concurrents. Ces esquisses sont moulées : les moulages sont gardés sous scellé au secrétariat de l'Ecole. Les terres sont laissées à la disposition des concurrents, mais ne peuvent sortir des loges.

Art. 48. Les bas-reliefs seront modelés sur un fond de $1^m 55$ sur $1^m 15$. Ce fond sera entouré sur trois côtés d'une bordure ayant

0^{m}12 de saillie et 0^{m}03 d'épaisseur ; la base,
sur la même saillie, aura 0^{m}4 d'épaisseur.

Art. 49. Les bordures sur les bases doivent être placées à angle droit sur la surface donnée.

Art. 50. Les figures de ronde-bosse auront 1^{m}15 de proportion : elles seront vérifiées, à défaut de la longueur totale, sur la mesure proportionnelle des membres. Les concurrents qui ne se conformeraient pas à cette disposition seraient mis hors concours. Les plinthes auront 0^{m}08 de hauteur.

Art. 51. La durée du concours est de 72 jours de travail à partir de la dictée du programme.

Art. 52. Il est interdit d'introduire dans les loges aucun mannequin ou maquette ajustés au dehors ; il est également interdit d'introduire des dessins, des gravures, des peintures, des photographies, des études de nus et de draperies, ainsi que des moulages autres que les moulages sur nature.

Art. 53. Aucun concurrent ne peut se soustraire à l'obligation de laisser son ouvrage figurer à l'exposition du concours, sous prétexte qu'il n'est pas terminé ou pour quelque cause que ce soit. Dans le cas où l'un des concurrents aurait détruit ou dénaturé son travail, il perdrait la partie de son indemnité qui a été mise en réserve, et sa contravention à l'ordre établi pourrait être l'objet d'un blâme qui serait consigné au procès-verbal du jugement et porté sur l'affiche destinée à faire connaître le résultat du concours.

Exposition publique.

ART. 54. Les travaux des concurrents sont exposés sur le même front, à la hauteur de 1 mètre. Sous ces réserves, chaque concurrent, selon son rang d'admission, dirige le placement de son ouvrage.

ART. 55. Les esquisses sont retirées du scellé et placées au-dessous de chaque ouvrage exposé.

ART. 56. Une exposition publique du concours a lieu trois jours avant et un jour après le jugement.

Jugement du concours définitif.

Jugement préparatoire.

ART. 57. Le jour désigné pour le jugement du grand prix de sculpture, les membres de la section et les jurés adjoints réunis en commission sous la présidence du Président de l'Académie assisté des autres membres du bureau, s'assemblent à 11 heures du matin dans la salle où est exposé le concours pour procéder au jugement préparatoire.

ART. 58. Le Président fait donner lecture du programme du concours, puis la commission désigne trois commissaires dont deux

membres de la section et un juré adjoint pour
vérifier si les concurrents ont rempli toutes
les conditions du programme et si les travaux
sont conformes aux esquisses et dans les dimensions exigées.

ART. 59. Après examen et dans un rapport verbal, les commissaires proposent, s'il
y a lieu, de mettre hors de concours ceux des
concurrents qui n'auraient pas rempli les
conditions imposées par le règlement et par
le programme. Il est statué, à la majorité des
suffrages, par la commission sur ces propositions. Les membres du bureau étrangers à la
section ne prennent point part au scrutin,
ainsi qu'il a été spécifié ci-dessus.

ART. 60. La Commission procède ensuite
au jugement préparatoire dans les formes
prescrites aux articles 22 et 23 du présent
règlement. Après discussion, elle décide au
scrutin, à la majorité absolue des suffrages
et sans ballottage, à quel numéro doit être
accordé le prix.

ART. 61. Dans le cas où, après trois tours
de scrutin, la majorité ne serait pas obtenue
par l'un des concurrents, le vote sera interrompu et le Président ouvrira de nouveau la
discussion sur le mérite des ouvrages exposés.

ART. 62. La Commission décide, en observant les mêmes formes, s'il y a lieu d'accorder deux autres récompenses, soit deux

seconds prix, soit un second prix et une mention honorable, soit deux mentions honorables. Dans ces limites, le vote sera continué tant que la majorité ne se prononcera pas pour la négative.

ART. 63. L'opinion de la Commission sur le mérite des ouvrages récompensés est recueillie et sommairement motivée dans un procès-verbal signé du Président et du Secrétaire perpétuel de l'Académie. Les chiffres des majorités seront consignés dans ce procès-verbal ainsi que le nombre des scrutins.

Jugement définitif.

ART. 64. A une heure après midi, le même jour, l'Académie des beaux-arts s'assemble dans le même local pour procéder au jugement définitif. Les jurés adjoints assistent au jugement définitif avec voix consultative.

ART. 65. L'Académie étant réunie et la séance ouverte, le Secrétaire perpétuel lit le programme du concours, le procès-verbal de la séance tenue par la Commission, la teneur du jugement préparatoire qu'elle a rendu et les motifs de ce jugement.

ART. 66. Le Président désigne deux membres de la section autres que ceux qui ont été chargés du rapport dont il a été parlé dans le jugement préparatoire, pour examiner si toutes les conditions du concours et du programme ont été fidèlement remplies et si les ouvrages exposés sont conformes aux esquisses.

ART. 67. D'après les rapports des commissaires, l'Académie décide à la majorité des suffrages si les concurrents qui lui sont signalés seront maintenus au concours ou si quelqu'un doit en être exclu.

ART. 68. S'il est fait pour la mise hors de concours des propositions tendant à infirmer ou à modifier les décisions de la Commission chargée du jugement préparatoire, ces propositions ne pourront être adoptées que si elles réunissent les suffrages des deux tiers des membres présents,

ART. 69. Ensuite le Président invite l'Académie à procéder immédiatement au jugement définitif. La question est posée dans les termes suivants : « A quel numéro doit être accordé le premier grand prix ? » L'Académie, au scrutin, à la majorité absolue des suffrages et sans ballottage, décide à quel numéro le premier grand prix doit être accordé.

ART. 70. Dans le cas où l'Académie n'aurait pas décerné le premier grand prix, ce premier grand prix restera en réserve pour les concours de l'année suivante, s'il y a lieu.

ART. 71. Dès que le premier grand prix est décerné, l'Inspecteur de l'École met sur les ouvrages dont les auteurs ont obtenu un premier second grand prix dans les précédents concours une inscription rappelant ce succès. Lorsqu'il aura été statué en ce qui concerne le premier second grand prix, l'Inspecteur de l'École mettra sur les ouvrages dont les auteurs ont obtenu un deuxième second grand prix dans les précédents concours, une inscription rappelant ce succès. Il est procédé de la même manière en ce qui concerne les mentions honorables. Ces inscriptions seront maintenues lors de l'exposition publique sur les ouvrages dont les auteurs n'ont pas obtenu une récompense supérieure.

ART. 72. Les autres récompenses, telles qu'elles sont prévues à l'article 62 du présent règlement, sont accordées en observant les formalités indiquées plus haut.

ART. 73. Les noms de ceux qui ont remporté le grand prix et les autres récompenses sont affichés dans l'École aussitôt après le jugement.

III.

CONCOURS POUR LE GRAND PRIX D'ARCHITECTURE.

ART. 1. Il y a tous les ans un concours pour le grand prix d'architecture.

ART. 2. Le concours pour le grand prix d'architecture comprend deux concours d'essai et un concours définitif.

Premier concours d'essai.

ART. 3. Sont admis à concourir les élèves en architecture qui remplissent les conditions déterminées à l'art. 5 des dispositions générales du présent règlement.

ART. 4 Le premier concours d'essai a lieu invariablement chaque année le premier lundi de mars.

ART. 5. Le premier concours d'essai pour le grand prix d'architecture consiste dans une esquisse dont le sujet sera plutôt un motif architectural qu'un projet d'ensemble.

ART. 6. Sont exempts du premier concours d'essai ceux qui ont précédemment fourni des preuves de capacité, savoir :

1° Les élèves qui dans les concours précédents ont obtenu un deuxième grand prix, ou une mention *(les accessits décernés depuis 1863 sont assimilés pour les exemptions qu'ils emportent aux seconds grands prix)* ;

2° Ceux qui dans les concours précédents ont été admis en loge et ont rempli les conditions réglementaires du concours ;

3° Ceux qui dans les concours de l'École nationale et spéciale des beaux-arts ont obtenu une première médaille ou une seconde médaille sur projet rendu.

ART. 7. Le jour fixé pour l'ouverture du

concours, les membres de la section d'architecture de l'Académie réunis sous la présidence du Président de l'Académie assisté des autres membres du bureau, s'assemblent à sept heures et demie du matin à l'École des beaux-arts pour procéder au choix du programme.

ART. 8. Chaque membre de la section propose un ou plusieurs programmes.

ART. 9. Les membres de la section choisissent ensuite par scrutin de liste et à la majorité des suffrages trois des programmes proposés.

ART. 10. Par un second vote on choisit au scrutin et à la majorité des voix le programme du concours. En cas d'égalité des suffrages entre deux programmes et après deux tours de scrutin le programme sera désigné par le sort. Le programme doit être donné à neuf heures.

ART. 11. Le Secrétaire perpétuel de l'Académie assisté de deux commissaires, parmi lesquels sera l'auteur du programme, porte le programme aux concurrents et leur en fait la dictée.

ART. 12. Les autres membres de la commission restent en séance jusqu'au retour du Secrétaire perpétuel et des commissaires afin de faire au programme, s'il y a lieu, les modifications nécessaires. Tant que les commissaires ne sont pas de retour et que le programme n'est pas définitivement arrêté, aucun membre ne peut quitter la séance.

ART. 13. L'appel des concurrents se fait suivant leur ordre d'inscription sur les registres de l'École.

ART. 14. Aucun document, tel que gravure, dessin, photographie ou calque d'architecture, ne peut être introduit par les concurrents dans le lieu du concours. Dès la dictée du programme, toute communication avec le dehors est et demeure interdite.

ART. 15. L'esquisse doit être terminée en douze heures.

ART. 16. L'esquisse de chaque concurrent porte le numéro sous lequel le concurrent se trouve inscrit à la suite de l'appel.

ART. 17. Le soir même, après le départ des concurrents, les esquisses sont revêtues du timbre de l'Institut par un des membres de la section assisté du Secrétaire de l'École des beaux-arts.

ART. 18. Les esquisses sont exposées publiquement pendant deux heures avant et pendant deux heures après le jugement.

ART. 19. La place assignée à chaque esquisse au moment de la première exposition et du jugement est déterminée par le sort.

Jugement du 1er concours d'essai.

ART. 20. Au jour fixé les membres de la section d'architecture de l'Académie et les jurés adjoints réunis en commission de jugement sous la présidence du président de l'Académie assisté des autres membres du bureau, s'assemblent dans le lieu où sont exposées les esquisses pour procéder au jugement du premier essai.

ART. 21. Un classement provisoire des esquisses a été fait le matin par trois commissaires dont deux membres de la section et un juré adjoint.

ART. 22. Il est procédé, au scrutin et à la majorité absolue des suffrages, au choix des esquisses dont les auteurs seront admis au deuxième concours d'essai.

ART. 23. Les membres du bureau prennent part à toutes les discussions, mais ne votent que s'ils sont membres de la section.

ART. 24. Le nombre des élèves à admettre sera déterminé d'après celui des élèves exempts, de manière que le nombre total ne dépasse pas soixante.

ART. 25. Immédiatement après le jugement, les noms des élèves admis au second concours d'essai sont affichés dans l'École.

ART. 26. Au moment de la seconde exposition, les esquisses des élèves admis sont rangées par ordre de mérite.

Second concours d'essai.

Art. 27. Le second concours d'essai a lieu aussitôt après le jugement du premier concours d'essai. Il consiste dans l'esquisse d'une composition d'ensemble.

Art. 28. Le programme de l'esquisse est arrêté et transmis aux concurrents dans les formes spécifiées aux articles 7, 8, 9, 10, 11 et 12 du présent règlement. Les concurrents sont appelés : 1° les élèves exempts du premier concours d'essai d'après les récompenses qu'ils ont obtenues ; 2° les élèves admis après le premier concours d'essai dans leur ordre de réception. Sont applicables au 2e concours d'essai les dispositions de l'art. 14 du présent règlement.

Art. 29. Les esquisses seront exécutées en vingt-quatre heures. Elles seront numérotées et timbrées dans les formes déterminées aux articles 16 et 17 du présent règlement.

Art. 30. Le placement des esquisses au moment de la première exposition et du jugement est déterminé par le sort.

Jugement du 2e concours d'essai.

Art. 31. Le second concours d'essai est jugé comme le premier par la section d'ar-

9

chitecture et les jurés adjoints réunis en commission de jugement, sous la présidence du Président de l'Académie, assisté des autres membres du bureau, ainsi qu'il est dit aux articles 20, 22 et 23 du présent règlement.

ART. 32. Le nombre des élèves admis au concours définitif ne peut dépasser dix.

ART. 33. Immédiatement après le jugement une affiche fera connaître les noms des élèves admis au concours définitif et rappellera le jour fixé pour l'ouverture du concours.

ART. 34. Au moment de la seconde exposition, les ouvrages des élèves admis seront rangés dans l'ordre de leur réception.

ART. 35. La veille de l'ouverture du concours définitif, les concurrents prendront possession de leurs loges suivant l'ordre d'admission fixé par le jugement.

Concours définitif.

ART. 36. Le concours définitif pour le grand prix d'architecture commence dans la semaine qui suit le jugement du second concours d'essai.

ART. 37. Le jour fixé pour l'ouverture des concours, les membres de la section d'architecture réunis sous la présidence du président de l'Académie, assisté des autres membres du bureau, s'assemblent à sept heures et demie du matin à l'École des beaux-arts pour procéder au choix du programme.

ART. 38. Le programme est arrêté et transmis aux concurrents dans les formes prescrites aux articles 7, 8, 9, 10, 11 et 12 du présent règlement. Le programme doit être remis à neuf heures.

ART. 39. Avant la dictée du programme, il est donné lecture aux concurrents des règlements qui assurent la sincérité du concours.

ART. 40. Aussitôt après la dictée du programme, les concurrents entrent dans leurs loges. Quatre jours et trois nuits sont accordés aux concurrents pour l'exécution de leurs esquisses dont ils seront tenus de prendre un calque.

ART. 41. Ce temps expiré, un membre de la section d'architecture, accompagné du Secrétaire et de l'Inspecteur de l'École, prend réception des esquisses. Elles sont, devant eux, recouvertes en entier d'une seule feuille de papier végétal contre-collé en plein et fixée en dessus et en dessous de l'esquisse par plusieurs rubans scellés à leurs extrémités du timbre de l'Institut. Dans cet état les esquisses sont laissées à la disposition des concurrents. Elles ne peuvent être emportées hors des loges et doivent toujours être présentées à première réquisition.

ART. 42. La durée du concours est de

110 jours de travail, à partir de la dictée du programme.

Art. 43. Les concurrents sont tenus de dessiner dans leurs loges leurs projets au net; mais les études de ces projets peuvent être faites au dehors et introduites dans les loges pourvu qu'elles soient au trait, sur papier bulle ou sur papier calque et à une échelle autre que celle du rendu.

Art. 44. Tous les papiers destinés aux dessins au net seront exactement visés et contre-signés sur les collures par un membre de la section désigné à cet effet.

Art. 45. Le papier calque n'est pas admis pour les dessins au net.

Art. 46. Aucun concurrent ne peut soustraire son ouvrage à l'exposition publique sous prétexte qu'il n'est pas terminé ou pour quelque cause que ce soit. Dans le cas où l'un des concurrents aurait détruit son ouvrage, il perdrait la partie de son indemnité qui a été mise en réserve, et la contravention à l'ordre établi pourrait être l'objet d'un blâme qui serait consigné au procès-verbal du jugement et porté sur l'affiche destinée à faire connaître le résultat du concours.

Art. 47. A l'époque déterminée par l'Académie, et le concours étant clos, les dessins des concurrents sont reçus par un membre de la section délégué à cet effet.

Exposition publique.

Art. 48. Les projets mis au net étant collés sur châssis sont exposés à la hauteur uniforme de 1 mètre. Un espace égal est réservé pour chaque projet. Sous ces réserves, chaque concurrent, selon son rang d'admission, dirige le placement de son ouvrage.

Art. 49. Les esquisses seront apportées des loges et rapprochées des projets auxquels elles appartiennent.

Art. 50. Une exposition publique du concours a lieu trois jours avant et un jour après le jugement.

Jugement du concours définitif.

Jugement préparatoire.

Art. 51. Le jour fixé pour le jugement du grand prix d'architecture, les membres de la section et les jurés adjoints réunis en commission de jugement sous la présidence du Président de l'Académie assisté des autres membres du bureau, s'assemblent à 11 heures du matin dans la salle où est exposé le concours pour procéder au jugement préparatoire.

Art. 52. Le Président fait donner lecture du programme, puis la Commission désigne trois commissaires dont deux membres de la section et un juré adjoint, pour vérifier si les concurrents ont rempli toutes les condi-

9.

tions du programme et si les rendus sont conformes aux esquisses et dans les dimensions exigées.

ART. 53. Après examen et dans un rapport verbal les commissaires proposent, s'il y a lieu, de mettre hors de concours ceux des concurrents qui n'auraient pas rempli les conditions prescrites par le règlement ou par le programme. Il est statué par la Commission sur ces propositions à la majorité des suffrages. Les membres du bureau, étrangers à la section, ne prennent point part à ce vote, ainsi qu'il a été spécifié ci-dessus.

ART. 54. La Commission procède ensuite au jugement préparatoire dans les formes prescrites aux articles 22 et 23 du présent règlement. Après discussion, elle décide, au scrutin, à la majorité des suffrages et sans ballottage, à quel numéro doit être accordé le grand prix.

ART. 55. Dans le cas où, après trois tours de scrutin, la majorité ne serait pas obtenue par l'un des concurrents, le vote sera interrompu et le Président ouvrira de nouveau la discussion sur le mérite des ouvrages exposés.

ART. 56. La Commission décide, en observant les mêmes formes, s'il y a lieu d'accorder deux autres récompenses, soit deux seconds grands prix, soit un second grand prix et une mention honorable, soit deux mentions honorables Dans ces limites, le vote sera continué tant que la majorité ne se prononcera pas pour la négative.

ART. 57. L'opinion de la Commission sur le mérite des ouvrages récompensés est recueillie et sommairement motivée dans un procès-verbal signé du Président et du Secrétaire perpétuel de l'Académie. Les chiffres des majorités sont consignés dans ce procès-verbal ainsi que le nombre des scrutins.

Jugement définitif.

ART. 58. A une heure de l'après-midi, le même jour, l'Académie des beaux-arts s'assemble dans le même local pour procéder au jugement définitif. Les jurés adjoints assistent au jugement définitif avec voix consultative.

ART. 59. L'Académie étant réunie, et la séance ouverte, le Secrétaire perpétuel lit le programme du concours, le procès-verbal de la séance tenue par la Commission, la teneur du jugement préparatoire qui a été rendu et les motifs de ce jugement.

ART. 60. Le Président désigne deux membres de la section, autres que ceux qui ont été chargés du rapport dont il a été parlé dans le jugement préparatoire, pour examiner si les conditions du concours et du programme ont été fidèlement remplies et si les ouvrages exposés sont conformes aux esquisses.

Art. 61. D'après le rapport des commissaires, l'Académie décide, à la majorité absolue des suffrages, si le souvrages qui peuvent lui être signalés pour infraction au règlement et dérogation au programme seront maintenus au concours ou en seront exclus.

Art. 62. S'il est fait pour la mise hors de concours des propositions tendant à infirmer ou à modifier les décisions de la Commission chargée du jugement préparatoire, ces propositions ne pourront être adoptées et exécutées que si elles recueillent les suffrages des deux tiers des membres présents.

Art. 63. Ensuite le Président invite l'Académie à procéder immédiatement au jugement définitif. La question est posée dans les termes suivants : « A quel numéro doit être accordé le premier grand prix ? » L'Académie décide, au scrutin, à la majorité absolue des voix et sans ballottage, à quel numéro le premier grand prix doit être accordé.

Art. 64. Dans le cas où l'Académie n'aurait pas accordé le premier grand prix, ce premier grand prix restera en réserve pour les concours suivants, s'il y a lieu.

Art. 65. Dès que le premier grand prix est décerné, l'Inspecteur de l'École met sur les ouvrages dont les auteurs ont obtenu un premier second grand prix dans les précédents concours une inscription rappelant ce succès.

Lorsqu'il aura été statué en ce qui concerne le premier second grand prix, l'Inspecteur de l'École mettra sur les ouvrages dont les auteurs ont obtenu un deuxième second grand prix dans les précédents concours une inscription rappelant ce succès. Il sera procédé de même en ce qui concerne les mentions honorables. Ces inscriptions seront maintenues lors de l'exposition publique sur les ouvrages dont les auteurs n'auront pas obtenu une récompense supérieure dans le concours.

ART. 66. Les autres récompenses, telles qu'elles sont prévues à l'article 56 du présent règlement, sont accordées en observant les formes indiquées plus haut.

ART. 67. Les noms de ceux qui ont remporté le grand prix et les autres récompenses sont affichés dans l'École aussitôt après le jugement.

—————

IV.

CONCOURS POUR LE GRAND PRIX DE PAYSAGE HISTORIQUE.

Le concours au grand prix de paysage historique ayant été supprimé par le décret du 13 novembre 1863, l'Académie des beaux-arts n'a pas manqué de revendiquer près de l'Administration le rétablissement de ce concours. A cette demande, le Ministre de l'instruction publique, des cultes et des beaux-arts a répondu de la manière suivante :

« En ce qui est du concours de paysage historique dont vous demandez le rétablissement, je regrette de ne pas pouvoir quant à présent me conformer à vos désirs, attendu que le moment n'est pas venu d'inscrire au budget une dépense nouvelle. »

L'Académie des beaux-arts, forte de l'approbation implicitement contenue dans la lettre du Ministre, persiste à considérer le concours de paysage historique comme utile au développement d'un art dans lequel la France s'est particulièrement illustrée : elle se réserve d'en demander le rétablissement dans des temps meilleurs.

V.

CONCOURS POUR LE GRAND PRIX DE GRAVURE EN TAILLE-DOUCE.

ART. 1er. Il y a tous les deux ans un concours pour le grand prix de gravure en taille-douce : il est précédé d'un concours d'essai.

ART. 2. Le concours pour les grands prix de gravure en taille-douce comprend un concours d'essai et un concours définitif.

ART. 3. Sont admis à concourir les élèves graveurs en taille-douce qui remplissent les conditions déterminées à l'art. 5 des dispositions générales du présent règlement.

ART. 4. De plus tous ceux qui se présentent pour concourir au grand prix de gravure en taille-douce doivent préalablement déposer entre les mains du Secrétaire de l'École des beaux-arts les épreuves de deux gravures exécutées par eux. L'une de ces gravures sera exécutée en taille-douce d'après un fragment de tableau contenant des parties de nus et de draperies. L'autre gravure sera à l'eau-forte. Ces épreuves porteront le certificat des maîtres sous lequel chacun des concurrents aura étudié.

ART. 5. Chacun des concurrents y joindra une déclaration signée de lui attestant que lesdites gravures ont été exécutées en totalité par lui. Il sera délivré de ces pièces un reçu détaillé. Tout concurrent qui ferait une fausse déclaration serait mis hors de concours.

ART. 6. Après que ces formalités ont été remplies, les candidats sont inscrits pour prendre part au concours d'essai.

Concours d'essai.

ART. 7. Le concours d'essai a lieu invariablement le deuxième lundi de mars.

ART. 8. Le concours d'essai se compose de deux épreuves qui consistent : 1° en une figure dessinée d'après nature ; 2° en une figure dessinée d'après l'antique.

1re Épreuve.

ART. 9. Au jour fixé, à sept heures et demie du matin, un membre de la section de gravure ou de la section de peinture désigné par l'Académie huit jours à l'avance pose le modèle vivant dans la salle de l'École des beaux-arts destinée à ce concours. L'ordre d'appel des concurrents est déterminé par le sort.

Art. 10. Les concurrents doivent exécuter leurs figures en cinq séances de cinq heures chacune, sans compter le repos du modèle.

Art. 11. Les figures auront o^m5o de proportion; elles seront uniformément dessinées sur papier blanc.

2e Épreuve.

Art. 12. Au jour fixé pour la 2e épreuve, le membre de la section de gravure ou de la section de peinture qui aura posé le modèle vivant fait placer dans la salle de l'École des beaux-arts destinée au concours une figure antique.

Art. 13. L'appel des concurrents a lieu à huit heures. Il est fait usage de la même liste d'appel que pour la première épreuve; mais cette fois en commençant par le dernier des concurrents et en poursuivant jusqu'au premier.

Art. 14. Les concurrents doivent exécuter leurs figures en cinq séances de huit heures chacune. Les figures auront o^m,5o de proportion. Elles seront uniformément dessinées sur papier blanc.

ART. 15. A la suite des deux épreuves, les dessins des concurrents sont exposés publiquement deux heures avant et deux heures après le jugement. Les gravures présentées par les concurrents sont jointes à leurs dessins.

ART. 16. La place occupée par les travaux de chaque concurrent au moment de l'exposition, sera déterminée par le sort.

Jugement du concours d'essai.

ART. 17. Au jour fixé, les membres de la section de gravure, trois membres de la section de peinture désignés à cet effet par l'Académie, les jurés adjoints, réunis en commission de jugement sous la présidence du Président de l'Académie assisté des autres membres du bureau, s'assemblent dans la salle où sont exposés les dessins et les gravures des concurrents du grand prix de gravure en taille-douce pour procéder au jugement du concours d'essai.

ART. 18. Il est procédé, au scrutin et à la majorité absolue des suffrages, au choix des ouvrages dont les auteurs seront admis au concours définitif.

ART. 19. Les membres du bureau prennent part à toutes les discussions, mais ne votent que s'ils sont membres de la section ou du nombre des membres de la section de peinture désignés par l'Académie.

ART. 20. Le nombre des élèves admis au concours définitif ne peut dépasser huit.

Art. 21. Immédiatement après le jugement, une affiche apposée à l'École des beaux-arts fait connaître les noms des candidats admis au concours définitif.

Concours définitif.

Art. 22. Le concours définitif pour le grand prix de gravure en taille-douce commence dans la semaine qui suit le concours d'essai.

Art. 23. Le concours définitif consiste : 1° à dessiner une figure d'après l'antique ; 2° à dessiner une figure d'après nature ; 3° à graver au burin la figure dessinée d'après nature.

Art. 24. Pour les deux dessins à exécuter, les concurrents sont appelés dans l'ordre de leur admission au concours définitif.

Art. 25. Le dessin d'après l'antique et le dessin d'après nature se font, en ce qui concerne le placement du modèle et l'heure de l'appel des concurrents, dans les conditions déterminées pour le concours d'essai.

Art. 26. Le dessin d'après l'antique et le dessin d'après nature auront 0^m,50 de proportion. Ils seront exécutés sur papier blanc.

Art. 27. Il est accordé aux concurrents six séances de cinq heures de travail chacune pour l'exécution du dessin d'après l'antique.

Art. 28. A l'expiration de l'épreuve, les dessins des concurrents sont revêtus du timbre de l'Institut par le membre de l'Académie désigné a cet effet.

Art. 29. Il est accordé aux concurrents six séances à raison de cinq heures de travail chacune, sans compter les repos du modèle, pour exécuter le dessin d'après nature.

Art. 30. Lorsque l'épreuve est terminée, il est accordé deux heures aux concurrents pour faire un calque de leur figure. Ce calque est timbré. Il doit rester dans les loges et pouvoir être présenté à première réquisition. Ensuite chaque dessin est placé dans un cadre : il y est scellé aux quatre coins avec le sceau de l'Institut par le membre de l'Académie désigné à cet effet.

Art. 31. Au jour fixé les concurrents entrent en loge. Ils choisissent leurs loges d'après leur ordre d'admission au concours définitif.

Art. 32. Chaque concurrent trouvera dans sa loge le dessin qu'il a exécuté d'après nature. Il devra graver ce dessin en le réduisant à la proportion de o^m,32.

Art. 33. La planche de cuivre sur laquelle le dessin d'après nature doit être gravé, sera estampillée par le membre de l'Académie désigné à cet effet.

Art. 34. Aucun concurrent ne peut emporter sa planche, qui reste constamment déposée dans sa loge.

ART. 35. Les concurrents ont le droit de faire tirer des épreuves d'essai de leurs planches à cinq reprises différentes pendant la durée du concours. L'impression des épreuves d'essai se fera à l'École même en présence d'un surveillant. Elles seront numérotées. Ces épreuves devront toujours rester dans la loge des concurrents et être représentées à la première sommation; elles ne pourront être morcelées.

ART. 36. Pendant le concours les concurrents auront la faculté de faire poser le modèle qui a servi à dessiner la figure qu'ils doivent graver. Ils pourront aussi introduire des moulages dans leurs loges.

ART. 37. Les concurrents ne pourront faire dans leur loge aucune épreuve totale ou partielle de leur planche par quelque procédé que ce soit, ni soustraire leur ouvrage au jugement de l'Académie.

ART. 38. La durée du concours est de quatre-vingt-dix jours de travail y compris le jour de l'entrée en loge.

Expositions publiques.

ART. 39. A l'expiration du concours, une exposition publique des ouvrages des concurrents a lieu trois jours avant et un jour après le jugement.

Art. 40. A cette double exposition figure-
ront : les dessins d'après l'antique, les dessins
d'après nature et une épreuve de la planche
gravée de chaque concurrent. Les ouvrages
de chaque concurrent seront réunis sous le
même numéro.

Art. 41. L'épreuve devra être exempte de
retouche. A cette fin, elle sera immédiatement après l'impression remise au Secrétaire
de l'École, qui la fera placer dans un cadre,
sur lequel il mettra le scellé.

Arn. 42. Toute contravention aux dispositions du règlement de la part des concurrents sera déférée à l'Académie : elle pourra
motiver la mise hors de concours.

Jugement préparatoire.

Art. 43. Au jour fixé pour le jugement du
grand prix de gravure en taille-douce, les
membres de la section de gravure en taille-
douce, les trois membres de la section de peinture désignés au scrutin par l'Académie au jugement du concours d'essai et les jurés adjoints
qui ont participé à la même opération, réunis
en commission de jugement sous la présidence
du Président de l'Académie, assisté des autres
membres du bureau, s'assemblent dans la
salle où est exposé le concours pour procéder
au jugement préparatoire.

Art. 44. La commission désigne trois commissaires dont deux membres de la section et un juré adjoint, pour vérifier si les concurrents ont rempli toutes les conditions du concours.

Art. 45. Après examen et dans un rapport verbal les commissaires proposent, s'il y a lieu, de mettre hors de concours ceux des concurrents qui n'auraient pas rempli les conditions imposées par le règlement du concours.

Art. 46. Il est statué par la commission sur les propositions à la majorité des suffrages. Les membres du bureau, étrangers à la section, ne prennent point part au scrutin.

Art. 47. La commission procède ensuite au jugement préparatoire. Après discussion, elle décide au scrutin, à la majorité absolue des suffrages et sans ballottage, à quel numéro doit être accordé le grand prix.

Art. 48. Dans le cas où, après trois tours de scrutin, la majorité ne serait pas obtenue par l'un des concurrents, le vote sera interrompu et le Président ouvrira de nouveau la discussion sur le mérite des ouvrages exposés.

Art. 49. La commission décide, en observant les mêmes formes, s'il y a lieu d'accorder deux autres récompenses, soit deux seconds grands prix, soit un second grand prix et une mention honorable, soit deux mentions honorables. Dans ces limites, le vote sera continué tant que la majorité ne se prononcera pas pour la négative.

ART. 5o. L'opinion de la commission sur le mérite des ouvrages récompensés est recueillie et sommairement motivée dans un procès-verbal signé du Président et du Secrétaire perpétuel de l'Académie. Les chiffres des majorités seront consignés dans ce procès-verbal ainsi que le nombre des scrutins.

Jugement définitif.

ART. 5i. A une heure après-midi, le même jour, l'Académie des beaux-arts s'assemble dans le même local. Les jurés adjoints assistent à la séance avec voix consultative seulement.

ART. 5a. L'Académie étant réunie et la séance ouverte, le Secrétaire perpétuel fait connaître le sujet du concours, le procès-verbal de la séance tenue par la Commission, la teneur du jugement préparatoire qu'elle a rendu et les motifs de ce jugement.

ART. 53. Le Président désigne deux membres de la section autres que ceux qui ont été chargés du rapport dont il a été parlé dans le jugement préparatoire pour examiner si toutes les conditions du concours et du programme ont été fidèlement remplies.

ART. 54. D'après les rapports des commissaires, l'Académie décide, à la majorité des suffrages, si les concurrents qui lui sont signalés seront maintenus au concours ou si quelqu'un doit en être exclu.

ART. 55. S'il est fait pour la mise hors de concours des propositions tendant à infirmer ou à modifier les décisions de la commission chargée du jugement préparatoire, ces propositions ne pourront être adoptées que si elles réunissent les suffrages des deux tiers des membres présents.

ART. 56. Ensuite le Président invite l'Académie à procéder immédiatement au jugement définitif. La question est posée dans les termes suivants : « À quel numéro doit être accordé le premier grand prix ? » L'Académie, au scrutin, à la majorité absolue des suffrages et sans ballottage, décide à quel numéro il y a lieu d'accorder le premier grand prix.

ART. 57. Dans le cas où l'Académie n'aurait pas décerné le premier grand prix, ce premier grand prix restera en réserve pour les concours de l'année suivante, s'il y a lieu.

ART. 58. Dès que le premier grand prix est décerné, l'Inspecteur de l'École met sur les ouvrages dont les auteurs ont obtenu un premier second prix dans les précédents concours une inscription rappelant ce succès. Lorsqu'il aura été statué en ce qui concerne le premier second grand prix, l'inspecteur de l'École mettra sur les ouvrages dont les auteurs ont obtenu un deuxième premier grand prix dans les précédents concours une inscription rappelant ce succès Il sera procédé de même en ce qui concerne les mentions honorables. Ces inscriptions seront maintenues lors de l'exposition publique.

ART. 59. Les autres récompenses, telles qu'elles sont prévues à l'article 49 du présent règlement, sont accordées en observant les formalités indiquées plus haut.

ART. 60. Les noms de ceux qui ont remporté le grand prix et les autres récompenses sont affichés dans l'École aussitôt après le jugement.

VI.

CONCOURS POUR LE GRAND PRIX DE GRAVURE EN MÉDAILLES ET EN PIERRES FINES.

ART. 1. Il y a tous les trois ans un concours pour le grand prix de gravure en médailles et en pierres fines.

ART. 2. Le concours pour le grand prix de gravures en médailles et en pierres fines comprend deux concours d'essai et un concours définitif.

ART. 3. Sont admis à concourir les élèves

graveurs en médailles et en pierres fines qui remplissent les conditions déterminées à l'art. 5 des dispositions générales du présent règlement.

ART. 4. De plus tout artiste qui se présente pour concourir au grand prix de gravure en médailles et en pierres fines doit préalablement déposer au secrétariat de l'École quelque ouvrage de gravure en médailles et en pierres fines exécuté par lui et présenter à l'appui le certificat du maître sous lequel il a étudié.

ART. 5. Chacun des concurrents y joindra une déclaration signée de lui, attestant que lesdites gravures ont été exécutées en totalité par lui. Il sera délivré de ces pièces un reçu détaillé. Tout concurrent qui ferait une fausse déclaration sera mis hors de concours.

ART. 6. Après que ces formalités auront été remplies, les candidats seront inscrits pour prendre part au premier concours d'essai.

Premier concours d'essai.

ART. 7. Le premier concours d'essai a lieu invariablement le deuxième mercredi de mars.

ART. 8. Le premier concours d'essai consiste dans une esquisse modelée en bas-relief. La mesure dans œuvre des fonds est de 0,33 sur 0,41. Le relief ne pourra être supérieur à 0,03.

ART. 9. Au jour fixé pour l'ouverture du

concours, la section de gravure, à laquelle l'Académie aura adjoint par la voie du scrutin, trois membres de la section de sculpture, réunie sous la présidence du Président de l'Académie, assisté des autres membres du bureau s'assemble à sept heures et demie du matin à l'École des beaux-arts pour procéder au choix du programme.

Art. 10. Chacun des membres, tant de la section de gravure que de la section de sculpture, désignés par l'Académie, propose un ou plusieurs programmes propres à être traités soit en médaille soit en pierre fine. Ces programmes sont tirés de la mythologie, de l'histoire sacrée ou profane.

Art. 11. Les mêmes membres choisissent ensuite, par scrutin de liste et à la majorité relative des suffrages, trois des programmes proposés.

Art. 12. Par un second vote, on choisit au scrutin et à la majorité des voix le programme du concours. En cas d'égalité des suffrages entre deux programmes et après deux tours de scrutin, le programme du concours sera désigné par le sort. Le programme doit être donné à neuf heures.

Art. 13. Le Secrétaire perpétuel de l'Académie des beaux-arts, assisté de deux commissaires dont l'un sera membre de la section de gravure et l'autre membre de la section de sculpture, et parmi lesquels sera l'auteur du programme, porte le programme aux concurrents réunis dans les loges et leur en fait la dictée.

ART. 14. Les autres membres restent en séance jusqu'au retour du Secrétaire perpétuel et des commissaires, afin de faire au programme, s'il y a lieu, les modifications nécessaires. Tant que les commissaires ne sont pas de retour et que le programme n'est pas définitivement arrêté, aucun membre ne peut quitter la séance.

ART. 15. L'appel des concurrents se fait suivant leur ordre d'inscription sur le registre ouvert à cet effet au secrétariat de l'École.

ART. 16. Aucun document tel que moulage, gravure, dessin, photographie ou calque, ne peut être introduit par les concurrents dans le lieu du concours. Dès la dictée du programme, toute communication avec le dehors est et demeure interdite.

ART. 17. L'esquisse doit être terminée en douze heures, à partir de la dictée du programme. Pour l'exécution de l'esquisse, les concurrents sont tenus d'employer la même espèce de terre ou terre commune. Toute contravention à cette disposition pourra motiver la mise hors de concours.

ART. 18. Chaque concurrent met sur son

esquisse le numéro sous lequel son nom se trouve inscrit sur la liste d'appel.

ART. 19. Le soir même, après le départ des concurrents, les esquisses sont revêtues du timbre de l'Institut par un membre de la section de gravure désigné par l'Académie, assisté du Secrétaire de l'École des beaux-arts.

ART. 20. Les esquisses ainsi que les ouvrages de gravure en médailles et en pierres fines déposés au secrétariat de l'École, sont exposés publiquement pendant deux heures avant et pendant deux heures après le jugement. Les travaux de chaque concurrent sont réunis et placés sous le même numéro.

ART. 21. La place assignée à chaque esquisse au moment de la première exposition est déterminée par le sort.

Jugement du premier essai.

ART. 22. Au jour fixé, les membres de la section de gravure, les membres de la section de sculpture désignés à cet effet par l'Académie et les jurés adjoints, réunis en commission de jugement sous la présidence du Président de l'Académie, assisté des autres membres du bureau, s'assemblent dans la salle où sont exposés les esquisses et les ouvrages de gravure déposés par les concurrents pour procéder au jugement du premier essai.

Art. 23. La commission procède par la voie du scrutin et à la majorité absolue des suffrages au choix des esquisses dont les auteurs seront admis au deuxième concours d'essai.

Art. 24. Les membres du bureau prennent part à toutes les discussions, mais ne votent que s'ils sont membres de la section de gravure ou du nombre des membres de la section de sculpture désignés par l'Académie.

Art. 25. Le nombre des élèves admis au deuxième concours d'essai ne pourra dépasser douze.

Art. 26. Immédiatement après le jugement, les noms des élèves admis au deuxième concours d'essai sont affichés dans l'École.

Art. 27. Au moment de l'exposition qui suit ce jugement, les esquisses des élèves admis sont rangées par ordre de réception.

Second concours d'essai.

Art. 28. Le second concours d'essai a lieu aussitôt après le jugement du premier. Il consiste en une figure nue modelée en bas-relief.

Art. 29. La figure modelée est exécutée d'après le modèle vivant posé par un membre de la section désigné à cet effet par l'Académie.

Art. 3o. Les concurrents doivent exécuter leurs figures en quatre séances de sept heures chacune (non compris le repos du modèle). Les concurrents choisiront leurs places d'après l'ordre de leur réception à la suite du premier essai. Ils sont tenus pour l'exécution de ce travail d'employer la même espèce de terre ou terre commune.

Art. 31. La figure sera exécutée sur un fond de o,64 sur o,5o. Le relief des figures ne pourra excéder o,o6.

Art. 3a. A l'expiration du temps fixé pour le concours, les figures sont revêtues du timbre de l'Académie dans la forme indiquée à l'article 19 du présent règlement.

Art. 33. Les figures sont exposées deux heures avant et deux heures après le jugement.

Art. 34. Le placement des figures au moment de la première exposition et du jugement est déterminé par le sort.

Jugement du 2° concours d'essai.

Art. 35. Le second concours d'essai est jugé comme le premier par la section de gravure, les sculpteurs désignés par l'Académie et les jurés adjoints, réunis sous la présidence du Président de l'Académie, assisté des autres membres du bureau, ainsi qu'il est dit aux articles 23 et 24 du présent règlement.

Le jugement doit porter à la fois sur les figures modelées et sur les esquisses qui ont été l'objet du premier essai. Les deux ouvrages de chaque concurrent sont réunis sous le même numéro.

Art. 36. Le nombre des élèves admis au concours définitif ne peut dépasser six.

Art. 37. Immédiatement après le jugement, une affiche placée à l'École des beaux-arts fera connaître les noms des élèves admis au concours définitif et rappellera le jour fixé pour l'ouverture du concours.

Art. 38. Au moment de la seconde exposition, les ouvrages des élèves admis seront rangés dans l'ordre de leur réception.

Art. 39. La veille de l'ouverture du concours définitif les concurrents prendront possesssion de leurs loges suivant l'ordre d'admission fixé par le jugement.

Concours définitif.

Art. 40. Le concours définitif pour le grand prix de gravure en médailles et pierres fines commence dans la semaine qui suit le jugement du deuxième concours d'essai.

Art. 41. Ce concours consiste : 1° à modeler en cire un bas-relief ; 2° à graver ce bas-relief soit sur acier soit sur pierre fine, et, dans l'un ou dans l'autre cas, à l'exécuter soit en relief, soit en creux, le tout selon qu'il en aura été décidé par la section ; 3° à copier soit sur acier, soit sur pierre fine, d'après un plâtre moulé sur l'antique, une tête dont l'original est gravé soit en médaille soit en pierre fine.

Art. 42. Le jour fixé pour l'ouverture du concours, les membres de la section de gravure et les membres de la section de sculpture désignés par l'Académie, réunis sous la présidence du président de l'Académie, assisté des autres membres du bureau, s'assemblent à sept heures du matin à l'École des beaux-arts pour procéder au choix du programme.

Art. 43. Le programme du bas-relief est arrêté et transmis aux concurrents dans les formes prescrites aux articles 10, 11, 12, 13 et 14 du présent règlement. Le programme doit être remis à neuf heures.

Art. 44. Avant la dictée du programme, il est donné lecture aux concurrents des règlements qui fixent les conditions et assurent la sincérité du concours.

Art. 45. L'esquisse doit être exécutée sur un fond de 0,30 sur 0,20.

Art. 46. Aussitôt après la dictée du programme, les concurrents entrent dans leurs loges. Trente-six heures sont accordées pour l'exécution des esquisses.

Art. 47. A l'expiration des trente-six heures, un membre de la section de gravure, accompagné du Secrétaire perpétuel et de l'Inspecteur de l'École, timbre les esquisses des concurrents. Ces esquisses sont moulées : les moulages sont gardés sous scellés au secrétariat de l'École. Les terres sont laissées à la disposition des concurrents, mais ne peuvent sortir des loges.

Art. 48. Le bas-relief devra être modelé en cire, sur un fond de 0,30. Le relief ne pourra excéder 0,02.

Art. 49. Si le sujet doit être exécuté sur acier, la médaille aura 0,07 de diamètre ; s'il doit être exécuté sur pierre fine, la pierre n'aura pas plus de 0,04 sur son plus grand diamètre.

Art. 50. En ce qui concerne la tête à copier d'après l'antique, elle sera exécutée en pierre fine si le bas-relief doit être gravé sur acier (la pierre fine aura 0,03 de diamètre) ; et elle sera exécutée en acier, si le bas-relief doit être gravé sur pierre fine.

Art. 51. Enfin cette tête sera exécutée en relief, si le bas-relief doit être gravé en creux, et elle sera exécutée en creux, si le bas-relief doit être gravé en relief.

Art. 52. Les concurrents ont quatre-vingt-seize jours pour exécuter ces différents ouvrages.

Art. 53. Il est interdit d'introduire dan les loges aucun mannequin ou maquette ajustés au dehors ; il est également interdit d'introduire des dessins, des études de nus et de draperies, des photographies, ainsi que des moulages autres que les moulages sur nature.

ART. 54. Les concurrents ne peuvent rien emporter de leur travail hors de leurs loges, soit leur acier, soit leur pierre fine. L'acier et la pierre fine doivent être fixés à l'établi sur lequel les concurrents travaillent. Ces pièces sont scellées du sceau de l'École de manière à ne pouvoir être séparées de l'établi sans effraction. Toute tentative ayant pour but d'emporter hors des loges l'acier ou la pierre fine, ou de les détacher de l'établi, entraînerait la mise hors de concours.

ART. 55. Les pierres fines sont fournies par l'Académie.

ART. 56. Aucun concurrent ne peut se soustraire à l'obligation de laisser son ouvrage figurer à l'exposition du concours, sous prétexte qu'il n'est pas terminé, ou pour quelque cause que ce soit. Dans le cas où l'un des concurrents aurait détruit ou dénaturé son travail, il perdrait la partie de son indemnité qui a été mise en réserve, et sa contravention à l'ordre établi pourrait être l'objet d'un blâme qui serait consigné au procès-verbal du jugement et porté sur l'affiche destinée à faire connaître le résultat du concours.

Exposition publique.

ART. 57. Les travaux des concurrents sont exposés sur le même front, à la hauteur de 1^m 60.

ART. 58. Sous ces réserves, chaque concurrent, selon son rang d'admission, dirige le placement de ses ouvrages.

ART. 59. Une exposition publique a lieu trois jours avant et un jour après le jugement.

Jugement préparatoire.

Jugement du concours définitif.

ART. 60. Le jour désigné pour le jugement du grand prix de gravure en médaille et pierre fine, les membres de la section de gravure, les membres de la section de sculpture désignés par l'Académie et les jurés adjoints, réunis en commission de jugement sous la présidence du Président de l'Académie, assisté des autres membres du bureau, s'assemblent à 11 heures du matin dans la salle où est exposé le concours pour procéder au jugement préparatoire.

ART. 61. Le président fait donner lecture du programme du concours; puis la commission désigne trois commissaires, dont deux membres de la section et un juré adjoint, pour vérifier si les concurrents ont rempli toutes les conditions du programme et si les travaux

sont conformes aux esquisses et dans les dimensions exigées.

ART. 62. Après examen et dans un rapport
verbal, les commissaires proposent, s'il y a lieu,
de mettre hors de concours ceux des concurrents qui n'auraient pas rempli les conditions
imposées par le règlement et par le programme. Il est statué à la majorité des suffrages par la commission sur ces propositions. Les membres du bureau, étrangers à
la section, ne prennent point part au scrutin,
ainsi qu'il a été spécifié ci-dessus.

ART. 63. La commission procède ensuite au
jugement préparatoire dans les formes prescrites aux articles 23 et 24 du présent règlement. Après discussion, elle décide au scrutin, à la majorité absolue des suffrages et sans
ballottage, à quel numéro doit être accordé
le prix.

ART. 64. Dans le cas où, après trois tours de
scrutin, la majorité ne serait pas obtenue par
l'un des concurrents, le vote sera interrompu
et le Président ouvrira de nouveau la discussion sur le mérite des ouvrages exposés.

ART. 65. La commission décide, en observant les mêmes formes, s'il y a lieu d'accorder
deux autres récompenses, soit deux seconds
prix, soit un second prix et une mention honorable, soit deux mentions honorables. Dans
ces limites, le vote sera continué tant que la

majorité ne se prononcera pas pour la négative.

ART. 66. L'opinion de la commission sur le mérite des ouvrages récompensés est recueillie et sommairement motivée dans un procès-verbal, signé du Président et du Secrétaire perpétuel de l'Académie. Les chiffres des majorités seront consignés dans ce procès-verbal, ainsi que le nombre des scrutins.

Jugement définitif.

ART. 67. A une heure après-midi, le même jour, l'Académie des beaux-arts s'assemble dans le même local. Les jurés adjoints assistent à la séance avec voix consultative seulement.

ART. 68. L'Académie étant réunie et la séance ouverte, le Secrétaire perpétuel lit le programme du concours, le procès-verbal de la séance tenue par la commission de jugement, la teneur du jugement préparatoire qu'elle a rendu et les motifs de ce jugement.

ART. 69. Le Président désigne deux membres, un de la section de gravure, un de la section de sculpture, qui soient autres que ceux qui ont été chargés du rapport dont il a été parlé dans le jugement préparatoire, pour examiner si toutes les conditions du concours et du programme ont été fidèlement remplies, et si les ouvrages exposés sont conformes aux esquisses.

Art. 70. D'après les rapports des commissaires, l'Académie décide, à la majorité des suffrages, si les concurrents qui lui sont signalés seront maintenus au concours ou si quelqu'un doit en être exclu.

Art. 71. S'il est fait pour la mise hors de concours des propositions tendant à infirmer ou à modifier les décisions de la commission chargée du jugement préparatoire, ces propositions ne pourront être adoptées que si elles réunissent les suffrages des deux tiers des membres présents.

Art. 72. Ensuite le Président invite l'Académie à procéder immédiatement au jugement définitif. La question est posée dans les termes suivants : « A quel numéro doit être accordé le premier grand prix? » L'Académie, au scrutin, à la majorité absolue des suffrages et sans ballottage, décide à quel numéro il y a lieu d'accorder le grand prix.

Art. 73. Dans le cas où l'Académie n'aurait pas décerné le premier grand prix, ce premier grand prix restera en réserve pour les concours de l'année suivante, s'il ya lieu.

Art. 74. Dès que le premier grand prix est décerné, l'Inspecteur de l'École met sur les ouvrages dont les auteurs ont obtenu un premier second grand prix dans les précédents concours, une inscription rappelant ce succès. Lorsqu'il aura été statué en ce qui concerne le premier second grand prix, l'Inspecteur de l'École mettra sur les ouvrages dont les auteurs ont obtenu un deuxième grand prix dans les précédents concours une inscription rappelant ce succès. Il est procédé de la même manière en ce qui concerne les mentions honorables. Ces inscriptions seront maintenues lors de l'exposition publique qui suivra le jugement sur les ouvrages dont les auteurs n'ont pas obtenu une récompense supérieure.

ART. 75. Les autres récompenses telles qu'elles sont prévues à l'article 65 du présent règlement sont accordées en observant les formalités indiquées plus haut.

AR. 76. Les noms de ceux qui ont remporté le grand prix et les autres récompenses sont affichés dans l'École aussitôt après le jugement.

VII.

CONCOURS POUR LE GRAND PRIX DE COMPOSITION MUSICALE.

ART. 1er. Il y a tous les ans un concours de composition musicale.

ART. 2. Le concours de composition musicale comprend un concours d'essai et un concours définitif.

Concours d'essai.

ART. 3. Le concours d'essai pour le grand prix de composition musicale a lieu invariablement chaque année le premier samedi de mai.

ART. 4. Le concours d'essai consiste : 1° en une fugue vocale à 4 parties au moins : le sujet en est donné au moment de l'entrée en loge ; 2° en un chœur à 4 voix au moins avec orchestre. Le texte du chœur est donné au moment de l'entrée en loge.

ART. 5. Sont admis à prendre part au concours d'essai les jeunes artistes qui remplissent les conditions déterminées à l'article 5 des dispositions générales du présent règlement.

ART. 6. Le jour fixé pour l'ouverture du concours, les membres de la section de composition musicale réunis sous la présidence du Président de l'Académie assisté des autres membres du bureau, s'assemblent à 7 heures du matin au Conservatoire de musique pour arrêter les sujets des concours d'essai.

ART. 7. Chaque membre de la section de musique devra fournir un sujet de fugue.

ART. 8. Les seuls membres de la section choisissent ensuite au scrutin et à la majorité absolue des suffrages trois des sujets proposés. Si l'un des trois sujets de fugue soumis au scrutin obtient l'unanimité des voix, il devient le sujet du concours. Dans le cas où cette unanimité ne pourrait être obtenue au premier tour de scrutin, le sujet de la fugue est désigné par le sort.

ART. 9. Chaque membre de la section propose un ou plusieurs sujets de chœur.

ART. 10. Les seuls membres de la section choisissent ensuite au scrutin et à la majorité absolue des suffrages trois des sujets proposés.

ART. 11. Si l'un des trois sujets de chœur soumis au scrutin obtient l'unanimité des voix, il devient le sujet du concours. Dans le cas où cette unanimité ne pourrait être obtenue au premier tour de scrutin, le sujet du chœur est désigné par le sort.

ART. 12. Lorsque le choix de la fugue et celui du chœur ont été arrêtés, les concurrents sont introduits. Il leur est donné connaissance des sujets de ces épreuves et il leur en est fait la dictée séance tenante.

ART. 13. Les concurrents sont ensuite conduits en loges par le Secrétaire perpétuel de l'Académie des beaux-arts accompagné de deux membres de la section de composition musicale désignés par l'Académie.

ART. 14. Les concurrents tirent au sort les

loges dans lesquelles ils subissent les épreuves des concours d'essai.

ART. 15. Il est accordé six jours entiers aux concurrents pour la composition de la fugue et du chœur. Pendant ces six jours, les concurrents restent en loge sans qu'ils puissent sous aucun prétexte avoir communication avec le dehors.

ART. 16. Est interdite l'introduction dans les loges de tout morceau de musique, de tout ouvrage sur la musique comme de tout document pouvant aider les concurrents dans leur travail.

ART. 17. Chaque concurrent, en sortant de loge, consigne au Secrétaire du conservatoire de musique sa partition mise sous enveloppe.

ART. 18. La partition et l'enveloppe portent le numéro sous lequel le concurrent a été admis en loge. Le tout est déposé dans une boîte scellée du sceau de l'Institut. Il sera pris acte du dépôt sur une feuille préparée à cet effet.

ART. 19. Toute infraction à ces dispositions sera déférée à l'Académie et pourra motiver la mise hors de concours.

Jugement du concours d'essai.

ART. 20. Les membres de la section de composition musicale et les jurés adjoints, réunis en commission de jugement sous la présidence du Président de l'Académie assisté des autres membres du bureau, s'assemblent au jour indiqué au Conservatoire de musique pour procéder au jugement des concours d'essai.

ART. 21. Les membres du bureau prennent part à toutes les discussions, mais ne votent que s'ils sont membres de la section.

ART. 22. Le jugement de la fugue et du chœur se fera dans une seule et même séance.

ART. 23. Le nombre des concurrents admis au concours définitif est de six au plus.

ART. 24. Immédiatement après le jugement, une affiche placée au Conservatoire de musique fera connaître les noms des élèves admis au concours définitif et rappellera le jour fixé pour l'ouverture de ce concours.

Concours définitif.

ART. 25. Le concours définitif consiste à mettre en musique une scène lyrique à trois ou à deux voix autant que possible inégales. A cette fin il est ouvert tous les ans un concours de poésie dont le sujet est une scène lyrique, à trois ou à deux personnages. Cette scène devra donner matière à un air ou à un solo plus ou moins développé pour chaque personnage, à un duo et en outre à un trio, si la scène est à trois voix, ainsi qu'à des récitatifs reliant ces différents morceaux.

ART. 26. La veille de l'ouverture du concours définitif, les membres de la section de composition musicale, réunis sous la présidence du Président de l'Académie assisté des autres membres du bureau, procèdent, par voie d'élimination, au choix des meilleures scènes lyriques.

ART. 27. Le jour même de l'entrée en loge pour le concours de composition musicale, les membres de la section réunis dans les mêmes conditions s'assemblent pour choisir entre les pièces réservées celle qui paraîtra le plus propre à être mise en musique. Ce choix est fait au scrutin et à la majorité absolue des suffrages.

ART. 28. Après cette opération, les concurrents sont introduits : il leur est donné lecture de la scène lyrique qui est choisie. Elle leur est dictée, séance tenante. Les concurrents sont ensuite conduits en loge par le Secrétaire perpétuel de l'Académie accompagné de deux membres de la section de musique désignés par le Président.

ART. 29. La musique de cette scène, écrite, autant que possible, pour voix inégales, sera précédée d'une introduction instrumentale. Si la scène est à trois personnages, une partie du trio, si le sujet le comporte, pourra être écrite sans accompagnement.

ART. 3o. Les concurrents ont vingt-cinq jours pleins pour écrire leur partition. Ils passent tout ce temps en loge sans pouvoir entretenir aucune communication avec le dehors. Après la sortie des loges, les concurrents sont convoqués et tirent au sort, à l'aide de numéros, l'ordre dans lequel leurs ouvrages seront exécutés.

Jugement du concours définitif.

ART. 3i. La veille du jour fixé pour le jugement définitif, l'Académie et les jurés adjoints à la section de composition musicale s'assemblent au Conservatoire pour entendre une première fois les scènes lyriques. Elles sont exécutées avec accompagnement de piano par des chanteurs présentés par les concurrents et agréés par la commission de jugement. Les concurrents sont libres d'accompagner eux-mêmes leur ouvrage. Les concurrents et les artistes qui prennent part à l'exécution des scènes lyriques sont autorisés à assister à l'exécution de tous les ouvrages du concours.

ART. 32. Le jour fixé pour le jugement du grand prix de composition musicale, l'Académie des beaux-arts et les jurés adjoints à la section de composition musicale s'assemblent à i heure à l'Institut pour entendre une seconde fois l'exécution des scènes lyriques et procéder ensuite au jugement du concours.

ART. 33. L'assemblée étant réunie et la séance ouverte, les scènes lyriques sont exécutées dans le même ordre, par les mêmes artistes et, d'une manière absolue, dans les mêmes conditions que la veille.

Jugement préparatoire.

ART. 34. Après l'audition des partitions, le Président déclare le huis clos et la séance générale est suspendue. Aussitôt la section et les jurés adjoints se forment en commission de jugement sous la présidence du Président de l'Académie assisté des autres membres du bureau. La commission procède en comité secret au jugement préparatoire, comme il est dit à l'article 21 du présent règlement. Elle décide au scrutin, à la majorité absolue des suffrages et sans ballottage, à quel numéro doit être accordé le premier grand prix.

ART. 35. Dans le cas où, après trois tours de scrutin, la majorité ne serait pas obtenue par l'un des concurrents, le vote sera interrompu et le Président ouvrira de nouveau la discussion sur le mérite des ouvrages qui sont en concours.

ART. 36. La commission décide ensuite, en observant les mêmes formes, s'il y a lieu d'accorder deux autres récompenses, soit deux seconds grands prix, soit un second grand prix et une mention honorable, soit deux mentions honorables. Dans ces limites, le vote sera continué tant que la majorité ne se prononcera pas pour la négative.

ART. 37. L'opinion de la commission sur le mérite des ouvrages récompensés est recueillie et sommairement motivée dans un procès-verbal signé du Président et du Secrétaire perpétuel de l'Académie. Les chiffres des majorités seront consignés dans le procès-verbal ainsi que le nombre des scrutins.

Jugement définitif.

ART. 38. Cette opération terminée, la séance générale est reprise. Les jurés adjoints assistent alors à la séance avec voix consultative seulement. Le Secrétaire perpétuel fait connaître à l'Académie le procès-verbal de la double séance qui vient d'être tenue par la commission de jugement, le résultat du jugement préparatoire rendu par elle et les motifs de ce jugement.

ART. 39. Le Président invite alors l'Académie à voter immédiatement. La question est posée dans les termes suivants : « A quel numéro doit être accordé le premier grand prix ? » L'Académie, au scrutin, à la majorité absolue des suffrages et sans ballottage, décide à quel numéro le premier grand prix doit être accordé.

ART. 40. Dans le cas où l'Académie n'aurait pas accordé le premier grand prix, ce premier grand prix restera en réserve pour le concours suivant s'il y a lieu.

ART. 41. Dès que le premier grand prix est décerné, l'on fait connaître les numéros des scènes lyriques dont les auteurs ont obtenu un premier second grand prix dans les concours précédents. Lorsqu'il aura été statué en ce qui concerne le premier second grand prix, l'on fera connaître les numéros des scènes lyriques dont les auteurs ont obtenu un deuxième second grand prix dans les concours précédents. Il sera procédé de même en ce qui concerne les mentions honorables.

ART. 42. Ces récompenses, telles qu'elles sont prévues par l'article 36 du présent règlement, sont accordées en observant les formes déterminées à l'article 39.

ART. 43. Les noms de ceux qui ont remporté le grand prix et les autres récompenses sont affichés au Conservatoire de musique aussitôt après le jugement.

CHAPITRE IV.

DE LA DISTRIBUTION DES PRIX. — DES PREMIERS GRANDS PRIX ET DES AUTRES RÉCOMPENSES.

ART. 1. L'Académie des beaux-arts, dans sa séance publique annuelle, distribue les prix remportés dans les concours de l'année.

ART. 2. Les ouvrages qui auront obtenu les grands prix de peinture, sculpture, architecture, gravure en taille-douce, gravure en médailles et en pierres fines, seront exposés pendant la semaine où aura lieu la séance publique.

ART. 3. Dans cette séance, sera exécutée la scène lyrique qui a remporté le premier grand prix, et, si le premier grand prix n'a pas été donné, celle qui aura obtenu le second grand prix. Sera également exécuté dans cette séance un morceau de musique instrumentale composé par le pensionnaire musicien de troisième année.

ART. 4. Les artistes qui ont remporté les premiers grands prix reçoivent un diplôme qui constate l'obtention de ces prix et une médaille d'or; ils vont, en qualité de pensionnaires de l'État, passer à Rome un nombre d'années déterminé pour chacun des différents arts, ainsi qu'il est dit au règlement de l'École de France à Rome.

Art. 5. Ceux qui remportent les seconds grands prix recevront un diplôme et une médaille d'or.

Art. 6. Jouissent de l'exemption conditionnelle du service militaire, en vertu du paragraphe 3 de l'article 20 de la Loi sur le recrutement de l'armée, du 27 juillet 1872, ainsi conçu :

Art. 4. Sont, à titre conditionnel, dispensés du service militaire :

§ 3, les artistes qui ont remporté les grands prix de l'Institut, à condition qu'ils passeront à l'École de Rome les années réglementaires et rempliront toutes leurs obligations envers l'État.

Art. 7. Les ouvrages qui auront obtenu les premiers grands prix ne pourront être retouchés après le jugement sous quelque prétexte que ce soit.

Art. 8. Ceux qui auront obtenu les seconds prix ou des mentions honorables ne pourront être retouchés avant l'exposition générale des prix.

Art. 9. Les élèves qui ont remporté un second grand prix ne peuvent concourir que pour le premier dans le même art. Ceux qui ont déjà obtenu une mention honorable ne peuvent prétendre qu'au second et au premier prix.

RÈGLEMENT

DE

L'ACADÉMIE DE FRANCE
A ROME.

SOMMAIRE.

CHAPITRE I.

PERSONNEL DE L'ÉCOLE DE ROME.

§ 1.

DU DIRECTEUR. — DES PENSIONNAIRES.

Art. 1er. L'Académie de France à Rome est régie et administrée par un Directeur.

Art. 2. Le Directeur de l'Académie de France à Rome est nommé par le chef de l'État, sur la proposition du ministre compétent : il est choisi sur une liste de trois candidats présentés par l'Académie des Beaux-Arts.

Art. 3. Le Directeur est nommé pour six ans.

Art. 4. Le Directeur correspond avec l'Académie pour tout ce qui touche aux travaux des pensionnaires et intéresse l'art et les études.

❋

Art. 5. Les artistes qui ont remporté les premiers grands prix de Rome sont pensionnés par l'État, à savoir les peintres, les sculpteurs, les architectes, les graveurs en taille-douce et les compositeurs musiciens pendant quatre années ; les graveurs en médailles et en pierres fines pendant trois années (1).

ART. 6. Tout pensionnaire est tenu de se trouver à Rome dans le courant de janvier de l'année où il entre en possession de sa pension. Faute par lui de remplir cette obligation, il perdra son titre et ses droits de pensionnaire, à moins que l'Académie n'en décide autrement d'après des motifs qu'elle appréciera.

ART. 7. Les pensionnaires en arrivant à Rome se présentent au Directeur de l'Académie : ils ne peuvent être reconnus par lui en qualité de pensionnaires qu'autant qu'ils sont porteurs de leur titre revêtu des formes légales. Cette pièce est enregistrée et remise ensuite au titulaire.

ART. 8. Pendant leur séjour à Rome, les pensionnaires habitent le palais de l'Aca-

---

(1) Nonobstant le retranchement d'une année fait à la pension des élèves de l'École de Rome par le décret du 13 novembre 1863, réduction maintenue par le décret du 13 novembre 1871 actuellement en vigueur, l'Académie a la confiance que les dispositions des anciennes ordonnances qui fixaient, pour les peintres, les sculpteurs, les architectes, les graveurs en taille-douce et les compositeurs de musique, la durée de la pension à cinq années et à quatre ans pour les peintres de paysage et les graveurs en médailles et en pierres fines, seront remises en vigueur lorsque les raisons d'économie dont s'est inspiré le dernier décret n'existeront plus.

démie et y prennent leurs repas à une table commune.

ART. 9. Les artistes mariés ne pouvant être admis au concours pour le prix de Rome ni par conséquent devenir pensionnaires, le pensionnaire qui se marierait pendant son séjour à Rome perdrait sa pension.

§ II.

DU TRAITEMENT DES PENSIONNAIRES. — DES VOYAGES.

ART. 10. Chaque pensionnaire en quittant Paris pour se rendre à Rome reçoit une somme de 600 francs pour les frais de son voyage.

ART. 11. Il est annuellement alloué à chaque pensionnaire pendant son séjour à Rome une somme totale de 3,510 francs qui se décompose de la manière suivante, à savoir :

1° Traitement annuel. . . . .   2,310 »

Cette somme est payée au pensionnaire dans les termes déterminés ci-après, soit :

2,010 francs, à raison de 167 fr. 50 par mois qui sont comptés en argent à chaque pensionnaire pour subvenir à ses études et à son entretien ;

Et 300 francs qui forment une retenue ou fonds de réserve dont il est tenu compte au pensionnaire à la fin de sa pension, comme il est dit au chapitre III du présent règlement.

A reporter. .   2,310 «

Report. .   2,310 »
2° Indemnité de table. . . . .   1,200 »
Une somme de 1,200 francs par tête
pour indemnité de table de chaque pensionnaire est allouée au Directeur qui en
tient compte au pensionnaire à raison de
100 francs par mois.

TOTAL. . . . .   3,510 fr.

En outre les pensionnaires reçoivent à la
fin de chaque année une indemnité de frais
d'études réglée dans les proportions suivantes :

	Années.	fr.	
Peintres, fin de	1re et 2°	50	
—	3°	150	Pour frais de la copie peinte.
—	3e	500	
Sculpteurs.	1re, 2e, 3°.	50	
—	4°.	300	
Architectes.	1e et 2e	50	
—	3°	600	Pour frais de fouilles à l'oc- casion de la restauration.
—	4°.	300	
Graveurs en médailles et en pier- res fines	1re, 2° et 3°	30	Sans compter les frais d'achat de pierres fines.
Graveurs en taille-douce.	1re	30	
—	2°, 3e	30	Pour frais d'a- chat de deux planches de cuivre.
—	4e.	30	
Musiciens compositeurs. .	1re et 2e	50	Pour frais de copie de chaque envoi.

13.

Art. 12. Les Architectes en partant pour la Grèce touchent une indemnité spéciale de 800 francs.

Art. 13. Chaque pensionnaire, à l'expiration de sa pension, reçoit une somme de 600 francs qui lui est payée sur les fonds de l'Académie de France à Rome pour rentrer en France.

Art. 14. Lorsque les pensionnaires sont en voyage, leur traitement leur est payé, à raison de 267 fr. 50 par mois.

Art. 15. Nul pensionnaire ne peut voyager ou même quitter Rome pour quelques jours sans l'autorisation du Directeur de l'Académie.

Art. 16. Les seuls pays dans lesquels les pensionnaires soient autorisés à voyager sont l'Italie, la Sicile et la Grèce.

Art. 17. Les pensionnaires sont tenus de rester pendant la première année de leur pension à Rome et dans l'Italie centrale. Ils n'en peuvent sortir sans une autorisation spéciale du Directeur. Pendant la seconde année de leur pension, les pensionnaires peuvent voyager en Italie et en Sicile, et, à partir de la troisième année, dans l'Italie, la Sicile et la Grèce : toutefois ils ne pourront partir sans avoir obtenu auparavant l'autorisation du Directeur.

Art. 18. Les pensionnaires ne pourront

obtenir cette autorisation que dans des conditions de temps telles que l'exécution de leurs travaux obligatoires demeure assurée.

Art. 19. En ce qui concerne les musiciens compositeurs, après une année passée à Rome, ils pourront visiter l'Allemagne et y séjourner ; mais il leur est permis de rester à Rome pendant tout le temps de leur pension.

CHAPITRE II.

TRAVAUX DES PENSIONNAIRES.

Art. 20. Les pensionnaires exécutent chaque année des travaux dont le caractère, la nature et l'ordre sont déterminés ci-après.

Art. 21. Les travaux des pensionnaires consistent : 1° En des études générales propres à développer l'instruction et le talent ; 2° En des études spéciales concernant chaque art et dont les résultats constituent les envois.

I.

ÉTUDES GÉNÉRALES.

Art. 22. La bibliothèque de l'Académie est ouverte tous les jours aux pensionnaires sur leur demande. L'entrée leur en est exclusivement réservée.

ART. 23. La galerie de moulages exécutés sur les chefs-d'œuvre de la sculpture et de l'architecture est ouverte aux pensionnaires tous les jours, les dimanches et fêtes exceptés.

ART. 24. Un cours d'archéologie est professé à l'usage des pensionnaires.

Les pensionnaires ont accès dans les monuments, musées et galeries de la ville de Rome.

ART. 25. Tous les jours, excepté les dimanches et fêtes, le modèle vivant est posé, pendant 2 heures, dans une salle de l'Académie affectée à cet usage. Cette séance a lieu en hiver de 6 à 8 heures du soir et en été de 6 à 8 heures du matin.

§ II.

ÉTUDES SPÉCIALES.

ART. 26. Les études dont le résultat constitue les envois et qui ont un caractère rigoureusement obligatoire sont réglées pour chaque section et pour chaque année de la pension de la manière suivante :

ART. 27. En principe tout pensionnaire qui, ayant obtenu un deuxième premier grand prix, n'aura à jouir que de trois ou de deux années de pension, devra, pour remplir ses obligations, exécuter les travaux demandés par le règlement aux pensionnaires, à partir de la seconde ou de la troisième année de leur pension.

1°

PENSIONNAIRES PEINTRES.

ART. 28. Le pensionnaire peintre devra exécuter :

Dans la 1ʳᵉ année de sa pension

1° Une figure peinte d'après nature et de grandeur naturelle; cette figure représentera un sujet qui sera emprunté soit à la mythologie, soit à l'histoire ancienne sacrée ou profane; — 2° un dessin d'après les peintures des grands maîtres de deux figures au moins; — 3° un dessin d'après une œuvre remarquable de sculpture de l'antiquité ou de la Renaissance, soit statue, soit bas-relief.

Dans la 2ᵉ année

Un tableau d'au moins deux figures nues ou en partie drapées, de grandeur naturelle.

Dans la 3ᵉ année

1° Une copie peinte soit d'après un tableau ou une fresque de grand maître, soit d'après un fragment de tableau ou de fresque de trois figures au moins. Ce fragment sera copié de la grandeur de l'original; si, toutefois, l'original était de proportion colossale et que le pensionnaire voulût le réduire, les figures ne devraient point avoir moins de deux mètres de proportion. Cette copie demeure la propriété de l'État; — 2° une esquisse peinte de sa composition dont le champ aura au moins cinquante centimètres sur son plus petit côté.

Dans la 4ᵉ année

Un tableau de sa composition, de plusieurs figures de grandeur naturelle : le sujet sera tiré soit de la mythologie, soit des littératures, soit de l'histoire anciennes, sacrées ou profanes. Ce tableau n'aura pas plus de quatre mètres dans sa plus grande dimension.

Le tableau qui constitue l'envoi de dernière année des pensionnaires peintres sera, lorsqu'il en paraîtra digne, signalé par l'Académie des beaux-arts à l'administration dans une lettre spéciale qui sera jointe au rapport annuel adressé au ministre.

2°

PENSIONNAIRES SCULPTEURS.

Art. 29. Le pensionnaire sculpteur devra exécuter :

Dans la 1ʳᵉ année de sa pension

1° Un bas-relief d'une ou deux figures de grandeur naturelle nues ou en partie drapées. Dans le cas où le bas-relief ne comprendrait qu'une figure, elle serait nécessairement nue. Le sujet sera emprunté soit à la mythologie,

soit aux littératures ou à l'histoire anciennes,
sacrées ou profanes ; — 2° une copie en marbre d'une statue antique qu'il aura choisie
avec l'approbation du Directeur. L'État fournit le marbre. L'ébauche de la copie dont le
pensionnaire est tenu d'exécuter les restaurations s'il y a lieu d'en faire, lui est livrée préparée à la grosse gradine. La copie en marbre
demeure la propriété de l'État.

Dans la 2° année

1° Une figure en ronde-bosse de sa composition et de grandeur naturelle ; 2° l'esquisse
très-arrêtée en bas-relief d'une composition
ne comprenant pas moins de sept figures lesquelles auront au moins quarante centimètres
de proportion.

Dans la 3° année

1° Le modèle d'une figure en ronde-bosse
de sa composition et de grandeur naturelle ;
2° une tête d'étude.

Dans la 4° année

Le pensionnaire doit exécuter en marbre
la figure dont il a produit le modèle l'année
précédente. L'État fournit le marbre de cette
figure et il paye les frais de l'ébauche qui doit
être livrée au pensionnaire préparée à la grosse
gradine.

La statue qui constitue l'envoi de dernière

année du pensionnaire sculpteur, sera, lorsqu'elle en sera jugée digne, signalée par l'Académie des beaux-arts à l'administration dans une lettre spéciale qui sera jointe au rapport annuel adressé au ministre.

———

3°

PENSIONNAIRES ARCHITECTES.

ART. 30. Le pensionnaire architecte devra exécuter :

Dans la 1ʳᵉ année de sa pension

Quatre feuilles de détails d'après les monuments antiques de Rome et de l'Italie centrale : ces détails seront au quart de l'exécution.

Dans la 2ᵉ année

1° Quatre feuilles de détails d'après les monuments antiques de l'Italie : ces détails seront au quart de l'exécution ; —— 2° quelques détails d'architecture de la Renaissance.

Dans la 3ᵉ année

1° Deux feuilles de détail d'après un monument antique de l'Italie, de la Sicile ou de la Grèce : ces détails seront au quart de l'exécution ; — de plus un essai de restauration d'une partie du monument auquel appartiennent les détails dont il vient d'être parlé, essai de restauration faisant connaître la nature et les parties essentielles de la construction de l'édifice. Cette première partie de l'envoi qui, dans son ensemble, ne comprendra pas moins de quatre feuilles, sera accompagnée d'un mémoire explicatif; — 2° des détails décoratifs extérieurs ou intérieurs et des ensembles d'architecture du moyen âge ou de la Renaissance.

Dans la 4 année

Soit la restauration d'un édifice antique ou d'un ensemble d'édifices antiques de l'Italie, de la Sicile ou de la Grèce, comprenant l'état actuel et l'état restauré avec des études de détails : un mémoire historique et explicatif sera joint au travail; — soit une étude générale et comparative sur les monuments antiques avec mémoire à l'appui.

La restauration ou l'étude demeurent la propriété de l'État. Ce travail, lorsqu'il en paraîtra digne, sera signalé par l'Académie des beaux-arts à l'administration dans une lettre spéciale qui sera jointe au rapport annuel adressé au ministre.

4°

PENSIONNAIRES GRAVEURS EN TAILLE-DOUCE.

ART. 31. Le pensionnaire graveur en taille-douce devra exécuter :

Dans la 1ʳᵉ année de sa pension

1° Deux figures nues d'après nature et deux

14

dessins d'après des statues ou des bas-reliefs antiques; — 2° deux études de fragments ou parties détachées d'après des tableaux ou des fresques de grands maîtres; — 3° le dessin d'un portrait anciennement peint par quelque maître célèbre, dont l'original sera pris dans un musée ou une galerie de l'Italie centrale et dont le choix sera approuvé par le Directeur : ce dessin aura au moins vingt-deux centimètres de hauteur et le masque six centimètres; — 4° une épreuve de la planche ébauchée de ce portrait.

Dans la 2ᵉ année

1° Une figure nue d'après nature et un dessin d'après l'antique; — 2° un dessin de quarante centimètres au moins d'après un tableau ou une fresque de grand maître; — 3° la planche terminée au burin du portrait ébauché dans la 1ʳᵉ année.

Le cuivre, accompagné d'une épreuve, fera partie de l'exposition des envois. Le cuivre est et demeure la propriété de l'État. L'auteur pourra être autorisé par le ministre à faire tirer de cette planche jusqu'à concurrence de 300 épreuves qui resteront sa propriété : mais cette autorisation ne pourra lui être accordée qu'à la fin de sa pension et s'il a satisfait à toutes ses obligations. Sur le rapport de l'Académie et avec l'autorisation du ministre, on pourra tirer un certain nombre d'épreuves qui seront placées dans les établis-sements publics.

Dans la 3° année

1° Deux figures nues d'après nature et deux dessins d'après des statues ou des bas-reliefs antiques ; — 2° un dessin de deux figures au moins d'après un tableau ou une fresque de grand maître ; le choix du tableau ou de la fresque devra être approuvé par le Directeur. Ce dessin devra avoir, au moins, trente centimètres dans sa plus grande dimension, et servira pour faire une planche qui devra être de même dimension et qui constitue l'envoi de dernière année ; — 3° l'ébauche de cette planche : le pensionnaire devra la soumettre au Directeur à la fin de l'année.

Dans la 4ᵉ année

La planche terminée du dessin exécuté dans la 3° année.

La planche qui constitue l'envoi de dernière année du pensionnaire graveur en taille-douce sera, lorsqu'elle en paraîtra digne, signalée par l'Académie des beaux-arts à l'administration dans une lettre spéciale qui sera jointe au rapport annuel adressé au ministre.

5°

PENSIONNAIRES GRAVEURS EN MÉDAILLES ET EN PIERRES FINES.

ART. 32. Le pensionnaire graveur en médailles et en pierres fines devra exécuter :

Dans la 1re année de sa pension

1° Une figure nue d'après nature en bas-relief ayant au moins trente centimètres de proportion cette figure exprimera un sujet ; elle sera exécutée en cire ; — 2° une tête d'étude exprimant un sujet : cette tête devra être entendue dans les conditions de relief d'un camée. Ce modèle sera exécuté en cire et aura seize centimètres de proportion. Le sujet sera soumis à l'approbation du Directeur ; — 3° la copie en creux sur acier d'une médaille antique ; — 5° un dessin soit d'après nature, soit d'après l'antique, soit d'après les maîtres.

Dans la 2e année

1° Le camée de la tête d'étude exécutée en cire l'année précédente. Ce camée demeure la propriété de l'État ; — 2° une pierre gravée en creux d'après une pierre gravée, une statue ou un buste antique. Les pierres fines sont fournies par l'État ; — 3° L'esquisse très-arrêtée d'une médaille composée de trois figures au moins sur un champ circu-

laire de vingt-huit centimètres de diamètre ;—
4° l'esquisse très-arrêtée d'un camée de même
proportion ; cette esquisse sera exécutée en
cire ; — 5° un dessin soit d'après nature, soit
d'après les maîtres.

Dans la 3° année

1° Le modèle en cire d'une médaille de sa
composition, consistant au moins en deux
figures dont la proportion ne sera pas moindre
de trente centimètres ; 2° l'exécution sur acier
en creux ou en relief à son choix de cette
médaille dont le module sera au minimum de
soixante-douze millimètres.

La médaille qui constitue l'envoi de dernière année du pensionnaire graveur en médaille et en pierres fines sera, lorsqu'elle en
paraîtra digne, signalée par l'Académie des
beaux-arts à l'administration dans une lettre
spéciale qui sera jointe au rapport annuel
adressé au ministre.

<h2 style="text-align:center">6°</h2>

PENSIONNAIRES COMPOSITEURS DE MUSIQUE.

Art. 33. Le pensionnaire musicien devra :

Dans la 1re année de sa pension

1° Composer deux partitions complètes :
l'une de ces partitions sera un *Oratorio* sur
des paroles françaises, italiennes ou latines ;

14.

ou bien à son choix une messe solennelle, soit une messe de *Requiem*, soit un *Te Deum*. La seconde partition sera un opéra ou fragment d'opéra français ou italien, soit sur un livret ancien, soit sur un livret nouveau, pourvu que ce dernier ait été accepté par le Directeur ;—2° copier ou mettre en partition lui-même une œuvre inédite des maîtres du xvi°, xvii° ou xviii° siècle manquant à la bibliothèque du Conservatoire, que cette œuvre soit découverte par lui ou qu'elle lui soit indiquée par l'Académie. La copie du pensionnaire sera déposée à la bibliothèque du Conservatoire.

Dans la 2° année

Composer comme dans la 1re année deux partitions complètes, avec cette différence qu'il pourra remplacer l'*Oratorio* ou l'ouvrage de musique sacrée par une symphonie composée de quatre morceaux et qu'il devra varier ses travaux de manière que, s'il a composé une année un opéra italien et un *Oratorio*, il envoie l'année suivante une messe ou une symphonie et un opéra français.

Dans la 3e année

1° Écrire un opéra en un acte, soit sur un livret ancien, soit sur un livret nouveau, pourvu que celui-ci ait été approuvé par la section de musique de l'Académie des Beaux-Arts ; 2° composer le morceau symphonique destiné à être exécuté au commencement de la séance

publique annuelle de l'Académie, après avoir
été préalablement soumise au jugement de la
section de musique.

Dans la 4ᵉ année

Écrire également un opéra en un acte
sur un livret ancien ou nouveau, ce dernier
approuvé par la section de musique de l'Académie.

Tous les ans une œuvre choisie par la
section de musique parmi les quatre envois
du pensionnaire de dernière année sera exécutée au Conservatoire.

Nota. — Les pensionnaires compositeurs
de musique jouissent de leurs entrées aux
théâtres lyriques pendant le temps de leur
pension qu'ils sont autorisés à passer à Paris.

CHAPITRE III.

EXPOSITION DES ENVOIS A ROME ET A PARIS.

DU RAPPORT

DE L'ACADÉMIE DES BEAUX-ARTS

Art. 34. Les travaux obligatoires doivent
être mis à la disposition du Directeur chaque
année le 1ᵉʳ avril.

Art. 35. Il y a tous les ans, au 1ᵉʳ avril
et pendant quinze jours, exposition publique

au palais de l'Académie de France à Rome des travaux obligatoires des pensionnaires peintres, sculpteurs, architectes, graveurs en taille-douce et graveurs en pierres fines.

ART. 36. Ne sont admis à cette exposition que les travaux demandés par le règlement.

ART. 37. Immédiatement après cette exposition, les travaux des pensionnaires sont adressés au ministre, et envoyés à Paris : ces travaux sont déférés par le ministre à l'examen de l'Académie des Beaux-Arts.

ART. 38. Après cet examen, les travaux des pensionnaires seront, pendant une semaine, exposés au local des expositions de l'École et de l'Académie des Beaux-Arts. L'exposition aura lieu dans la seconde quinzaine du mois de juin.

ART. 39. Le résultat de l'examen des travaux des pensionnaires fait par l'Académie est consigné dans un rapport qui est chaque année envoyé au ministre, inséré au *Journal officiel*, et transmis au Directeur de l'Académie de France à Rome : celui-ci donne connaissance du rapport à chaque pensionnaire en ce qui le concerne.

CHAPITRE IV.

DE LA RETENUE.

DES MESURES QUE PEUT ENTRAINER LA NON-EXÉCUTION [DES TRAVAUX OBLIGATOIRES.

ART. 40. La retenue étant destinée à garantir l'exécution des travaux exigés des pensionnaires, nul d'entre eux n'aura droit à toucher sa retenue avant le terme de sa pension et avant qu'il ait rempli toutes les obligations qui lui sont imposées par le règlement.

ART. 41. Toutefois, si un pensionnaire justifie auprès du Directeur du besoin qu'il a d'une partie de sa retenue pour terminer son travail de dernière année, il pourra en obtenir une partie, qui, en aucun cas, ne dépassera la moitié de la somme totale. Le solde de la seconde moitié ne pourra avoir lieu avant que le dernier envoi soit achevé et remis au Directeur de l'Académie.

ART. 42. Tout pensionnaire qui n'aura pas exécuté son travail de dernière année ou ne l'aura pas livré au Directeur pour être exposé à Rome ne touchera pas sa retenue.

ART. 43. Lorsqu'un pensionnaire aura laissé s'écouler deux années sans satisfaire à ses obligations, sa retenue, ou la partie restante de sa retenue, fera retour au trésor.

ART. 44. Quand un pensionnaire n'aura pas rempli ses obligations pendant deux années, l'Académie sera saisie du fait par le Directeur. Elle en fera l'objet d'un rapport au ministre en demandant, s'il y a lieu, que le pensionnaire soit privé de sa pension.

CHAPITRE V.

RÈGLES D'ORDRE

ÉTABLIES A L'ACADÉMIE DE FRANCE A ROME.

ART. 45. Le temps des pensionnaires devant être exclusivement consacré à l'étude, il leur est inrerdit de se livrer à aucun travail de spéculation.

ART. 46. Chaque élève a dans le palais de l'Académie de France à Rome une chambre et un atelier qui lui sont particuliers.

ART. 47. La distribution des chambres et des ateliers se fait par le Directeur à raison de la nature de chaque art et en tenant compte du droit d'ancienneté de nomination des pensionnaires.

ART. 48. Chaque pensionnaire est responsable du mobilier de sa chambre et de son atelier : il doit, avant son départ, en rendre compte au Directeur.

ART. 49. Il est expressément interdit d'emporter hors du palais de l'Académie les livres et autres objets appartenant à l'établissement.

ART. 50. Il est expressément défendu de transporter les plâtres de la galerie de sculpture et d'architecture hors du lieu où ils sont placés pour l'étude commune.

ART. 51. Les pensionnaires se réunissent aux heures prescrites à une table commune pour le dîner et le souper. Les repas sont servis dans la salle destinée à cet usage. Les pensionnaires ne peuvent inviter à la table commune personne du dehors.

ART. 52. Il est interdit aux pensionnaires de retenir pendant la nuit, dans le palais, qui que ce soit sous quelque prétexte que ce soit.

Pour le maintien de l'ordre et la sûreté de tous, les portes du palais doivent être fermées à minuit.

❋

ART. 53. Les pensionnaires, sous la protection immédiate du gouvernement, n'oublieront jamais que leur conduite doit être irréprochable.

Art. 54. Tout pensionnaire qui aurait commis une infraction grave aux lois du pays dans lequel il se trouvera pourra, sur le rapport du Directeur adressé au Ministre, être privé de sa pension.

TABLE